BIBLIOGRAPHIE

DE

L'ABBÉ COCHET

PAR

MARCELIN BLANADET

avec une Préface de

M. L'ABBÉ A. TOUGARD

et un Portrait de l'abbé COCHET

Dessiné par Albert HUYOT, gravé sur bois par Jules HUYOT

PARIS

Alphonse PICARD & Fils, libraires	Ernest DUMONT, libraire
Rue Bonaparte, 82	*Rue de Grenelle, 32*

ROUEN

A. LESTRINGANT, libraire, *rue Jeanne-d'Arc, 11*

LE HAVRE

A. BOURDIGNON fils, libraire	DOMBRE, libraire
Place Gambetta, 19	*Place de l'Hôtel-de-Ville, 10*

1895

BIBLIOGRAPHIE

DE

L'ABBÉ COCHET

DU MÊME AUTEUR :

Bibliographie de J. Morlent, ancien Bibliothécaire de la Ville du Havre. 1893. in-8° jésus, avec un portrait gravé à l'eau forte.

Casimir Delavigne. Notice biographique suivie d'un *Essai bibliographique des Parodies de Casimir Delavigne.* 1894. gr. in-8°, avec un portrait charge.

EN PRÉPARATION :

BIBLIOGRAPHIE DE BERNARDIN DE SAINT-PIERRE

avec l'indication et le texte d'une *Poésie inconnue* de l'immortel auteur de *Paul et Virginie.*

BIBLIOGRAPHIE

DE

L'ABBÉ COCHET

PAR

MARCELIN BLANADET

avec une Préface de

M. L'ABBÉ A. TOUGARD

et un Portrait de l'abbé COCHET

Dessiné par Albert HUYOT, gravé sur bois par Jules HUYOT

PARIS

Alphonse PICARD & Fils, libraires
Rue Bonaparte, 82

Ernest DUMONT, libraire
Rue de Grenelle, 32

ROUEN

A. LESTRINGANT, libraire, *rue Jeanne-d'Arc, 11*

LE HAVRE

A. BOURDIGNON fils, libraire
Place Gambetta, 19

DOMBRE, libraire
Place de l'Hôtel-de-Ville, 10

1895

PRÉFACE

2

L'ouvrage que nous avons aujourd'hui l'honneur de présenter au public, n'avait jamais été rêvé par les plus fervents disciples de l'abbé Cochet. Il a fallu pour l'exécuter tout le zèle, aussi patient que consciencieux, d'un homme qui n'a pas eu la joie de connaître le grand archéologue. Il s'est pourtant épris de cette lourde tâche, sinon à cause de ses difficultés mêmes, du moins pour les services éminents qu'elle devait rendre à la science. Car elle remet en lumière et sous la main de tous, comme le disait naguère un magistrat distingué, une foule de mémoires, de notices et de simples articles de journaux. souvent aussi importants que des brochures, mais jusqu'alors ensevelis au fond de nos grands in-folios périodiques.

Ici se révèle par ses œuvres l'étonnant labeur de cette puissante intelligence qui, dans un corps valétudinaire, demeurait constamment en éveil sur ce qui pouvait intéresser ou instruire les lecteurs des feuilles publiques et des revues, non moins que les hommes d'étude. Pour l'abbé Cochet, l'action était la vie : aussi n'était-ce pas sans une sorte de stupeur qu'il répétait parfois : « Que de gens auxquels il faut non seulement suggérer les idées, mais encore procurer le moyen de les accomplir. »

Ce livre atteindra un résultat plus piquant et à peine soupçonné : celui de venger l'abbé Cochet de lui-même. Trop souvent les livres les plus estimables sont avant tout dans la pensée de leur auteur le piédestal de sa renommée. Le prêtre rouennais a mené plus de quarante ans sa croisade archéologique avec une ardeur infatigable, mais aussi avec une rare absence de retours personnels. Et ce glorieux serviteur de nos monuments de tous les âges, en semant presque à chaque pas de cette longue chevauchée les témoins les plus variés de sa vaillance érudite, depuis l'in-64 de sa touchante Prière à Marie, *jusqu'au petit in-folio du* Cardinal Cambacerès, *en a négligé un bon nombre dans la poussière de l'oubli. L'abbé Cochet a imprimé trois éditions de sa Bibliographie : la première seule mentionne divers articles de journaux ; les deux autres n'enregistrent que les volumes et les brochures ; et parmi celles-ci, la comparaison avec le présent volume révèlera des omissions nombreuses et parfois surprenantes.*

L'abnégation de l'abbé Cochet ne s'en est pas tenue là. Il n'est si piètre écrivain, si chétif travailleur qui ne conserve avec un soin jaloux les moindres manuscrits des premières années et les plus insignifiants mémoires ; ils revêtent les plus sommaires imprimés, ceux mêmes de quatre pages, d'une reliure de luxe qui va parfois jusqu'au maroquin poli. Eh bien ! la bibliothèque du Grand Séminaire de Rouen montre, parmi ses nombreuses raretés, les exemplaires d'auteur du prince de l'archéologie franque : ce sont de gros et vulgaires cartonnages, auxquels une copieuse annotation inédite donne seule un prix considérable. De plus, des admirateurs ou des intimes de l'abbé s'étaient fait abandonner par lui ses plus anciens manuscrits ou ses articles de journaux. Qui sait si des archives paroissiales ne recèlent pas encore plus d'un intéressant mémoire sorti de sa plume ? La découverte faite l'an dernier à Darnétal rend probable l'affirmative.

Il y a mieux. M. Cochet a souvent donné aux Journaux des

notes en style indirect et leur en a rédigé d'autres sans les signer, au rebours de certains grands hommes, ou réputés tels, qui n'écrivent pas toujours ce qu'ils signent. On est tenté de se récrier contre cet effacement calculé de l'écrivain, qui n'a point pris garde que son nom eût ajouté une singulière saveur à ses communications : faute de cet indice, tel souscripteur à ses grands ouvrages a dû les effleurer d'un œil rapide ou les omettre entièrement. C'est surtout le cas des bulletins semestriels des Objets donnés au Musée Départemental *qu'il a, les dernières années de sa vie, insérés dans les deux grands journaux du chef-lieu. Et puis, ses chères collections ont dû y perdre : pour ceux qui ne donnent qu'afin « d'être mis dans le Journal, » quel vif encouragement c'eût été à leur générosité de pouvoir se promettre que leur nom y serait cité avec éloge par l'abbé Cochet !*

Aucune de ses bibliographies n'a cité une modeste note de quatre pages, sèche comme une table des matières, mais qui par son caractère officiel fait le plus grand honneur à l'antiquaire de province auquel on en confia la rédaction. C'est le Plan d'un recueil d'instructions sur l'archéologie franque, par M. l'abbé Cochet, membre non résidant du Comité. *Au bas de la dernière page, qui répète les sept derniers mots du Titre, on lit « Imprimerie impériale, juillet 1856. »*

Comme on le verra plus loin, ce Plan a été imprimé plusieurs fois. Il fut l'occasion de l'une des plus amères déceptions de la carrière scientifique de son auteur, comme l'apprend un dossier de quarante-deux pages, qu'il a intitulé : « Ministère de l'Instruction publique. — Instructions sur l'archéologie franque. — Registre contenant les Nos des dessins et gravures fournis pour cet ouvrage. -- Notes relatives à la dépense et à la comptabilité. — 1er septembre 1836 (sic). »

Voici l'analyse des pièces principales :

Au mois de juin 1856 (le jour est resté en blanc), le secrétaire du Comité, M. de la Villegille, envoie à l'abbé Cochet l'épreuve du Plan, lequel devait figurer dans le prochain Bulletin, qui paraîtra dans huit jours. Il n'insiste pas sur le retour « dans le plus bref délai possible, connaissant toute votre célérité. »

Cette note n'était proprement que le sommaire d'un véritable ouvrage comportant de trois à quatre cents gravures, et qui ne devait pas, selon la décision du Comité, excéder quatre cents pages. Ce sont les termes mêmes d'une apostille à la lettre ministérielle du 31 octobre. Le point d'interrogation qui termine cette annotation semble demander à M. Cochet s'il n'a rien à objecter.

Tout le monde en haut lieu ne connaissait pas la puissante activité de l'abbé : car une autre missive ministérielle, du 12 août, lui disait : « Je vous serai obligé de vouloir bien en presser l'exécution autant qu'il vous sera possible. »

A cette date, les dessinateurs choisis par M. Cochet et autorisés par le Ministère étaient MM. Muret, A. Darcel, H. Catenacci et A. Féret ; la lettre d'octobre approuvait comme graveurs MM. Catenacci, Ecosse, Bisson et Cottard, Ausînat, Perrichon et Carbonneau.

Comme il arrive parfois en matière administrative, l'approbation arrivait un peu tard : car, dès le 26 octobre, M. Carbonneau avait livré dix-neuf bois gravés, qui lui furent payés 160 fr. M. Catenacci, chargé de la seconde série (101 à 200), en livra les trente-six premiers numéros le 6 février 1857 et reçut 530 fr. Il y avait déjà un mois que M. A. Darcel avait touché

667 fr. pour les cinquante-neuf premières pièces de la troisième série (200 à 300) qui lui était confiée ; enfin le dessin des bois de la première série remontait aux 1er-19 septembre, et avait été exécuté à Dieppe par Amédée Féret.

Il semble donc que l'ouvrage eût dû paraître en 1857. Mais il n'a jamais été publié ; et son arrêt de mort est la lettre du 19 avril 1859, signée G. Rouland, où le ministère répond à une demande de 1,000 fr. pour « reprendre le travail, » que « la faiblesse du crédit des Documents inédits met obstacle à sa bonne volonté ; » son Excellence devant, quand la situation du budget le permettra, aviser à une publication dont elle « apprécie toute l'importance ».

Cette pièce est la dernière en date du dossier. Est-il téméraire de conjecturer que le beau livre du Tombeau de Childéric, *imprimé en 1859, fut une docte revanche de ce douloureux contre-temps ?*

L'abbé Cochet, dont la parole avait parfois le tranchant de l'acier, ne fut pas un homme de polémique, comme l'a déjà constaté la Revue Catholique de Normandie (III, 161). *L'affirmation nette et lumineuse de la vérité lui semblait, avec juste raison, servir plus fructueusement la science que des contestations souvent irritantes et toujours odieuses. S'il parut un jour se départir de sa réserve habituelle, en intervenant par une lettre au* Journal de Rouen, *dans un débat assez vif soulevé par André Durand au sujet des travaux de la Cathédrale (voir plus loin au* Journal de Rouen), *il est bon d'expliquer ici qu'il ne prit la plume que sur l'invitation expresse qui lui en fut faite par Mgr l'Archevêque.*

On nous saura gré de finir par ce portrait aussi frappant qu'il est court, qu'a tracé du jeune Cochet le vénérable supérieur du Grand Séminaire, le R. P. David, en lui écrivant à lui-même, le 8 mai 1835 : « Je suis affligé, mon cher abbé, que vous ayez de trop fortes raisons pour prolonger votre séjour à la campagne. Usez donc du remède nécessaire, et que votre unique occupation soit de vous interdire toute occupation. Appliquez-vous, sans contention aucune, à dominer et à régler votre imagination. Cette faculté est chez vous beaucoup trop active ; tâchez de vous remettre de temps en temps entre les mains de Dieu.....»

Oui, l'abbé Cochet fut un homme d'imagination. Qu'on juge par là du mérite qu'il eut à devenir l'homme des mesures précises dans ses fouilles ; l'investigateur minutieux qui savait exhumer à Lillebonne, dans l'une de ses dernières explorations, jusqu'à un petit coq en plomb, jouet gallo-romain de quelques millimètres de longueur ; enfin l'abréviateur complet de plusieurs milliers de pages admirablement condensées dans son Répertoire archéologique *dont la table, qu'il fut sur le point d'abandonner, est à elle seule un chef-d'œuvre, où l'imagination n'eut rien à voir.*

L'Abbé A. TOUGARD

Mont-aux-Malades,
Petit-Séminaire de Rouen,
9 Décembre 1894.

I. OUVRAGES

1. — LES EGLISES DE L'ARRONDISSEMENT DU HAVRE. *Ingouville. Imprimerie de Gaffney frères, éditeurs.* 1845. 2 vol. in-8°, avec onze lith. hors texte.

1er vol. : Faux-titre ; — Titre impr. ; — Introduction, pp. V à LVIII ; — Faux-titre pour : Canton du Havre, 1 f. n. chiff. ; — Texte, pp. 3 à 42 ; — Faux-titre pour : Canton d'Ingouville, 1 f. n. chiff. ; — Texte, pp. 45 à 110 ; — Faux-titre pour : Canton de Montivilliers, 1 f. n. chiff. ; — Texte, pp. 113 à 213 ; — Faux-titre pour : Canton de Criquetot-l'Esneval, 1 f. n. chiff. ; — Texte, pp. 217 à 276 ; — Table, pp. 277 à 279 et 2 ff. n. chiff. pour l'*Errata*.

Les pp. 231, 232, 233 et 265 sont chiffrées par erreur 331, 332, 333 et 365.

2e vol. : Faux-titre ; — Titre imp. ; — Faux-titre pour : Canton de Fécamp, 1 f. n. chiff. ; — Texte, pp. 7 à 122 ; — Faux-titre pour : Canton de Goderville, 1 f. n. chiff. ; — Texte, pp. 125 à 174 ; — Faux-titre pour : Canton de Lillebonne, 1 f. n. chiff. ; — Texte, pp. 177 à 238 ; — Faux-titre pour : Canton de Bolbec, 1 f. n. chiff ; — Texte, pp. 241 à 312 ; — Faux-titre pour : Canton de Saint-Romain, 1 f. n. chiff. ; — Texte, pp. 315 à 372 ; — Table, pp. 373 à 376 et 3 ff. n. chiff. ; 2 pour la Liste des Souscripteurs et 1 pour l'*Errata*.

INDICATION DES LITHOGRAPHIES :

Tom. I. 1° (p. 3). Notre-Dame du Havre en 1768, d'après un dessin publié par l'abbé Anfray en 1804. Lith. de Berdalle à Rouen.

2° (p. 60). Vue extérieure de l'Abbaye de Graville, par Langlois. Lith. Péron, succ[r] de N. Périaux à Rouen.

3° (p. 66). Vue intérieure de l'Abbaye de Graville, par H. Langlois. Lith. d'A. Péron, succ[r] de N. Périaux. Rouen.

4° (p. 113). Vue de l'Abbaye de Montivilliers, par V. Berdalle. Lith. de Berdalle à Rouen.

5° (p. 141). Clocher d'Harfleur. Lith. de Berdalle à Rouen.

6° (p. 261). Vue de l'Eglise d'Etretat, par Paul Vasselin. Imp. lith. de Perruche à Rouen.

Tom. II. 1° (p. 7). Vue extérieure de l'Abbaye de Fécamp, par H. Langlois. Polyclès Langlois, lith. Lith. d'A. Péron, succ[r] de N. Périaux à Rouen.

2° (p. 10). Vue intérieure de l'Abbaye de Fécamp, par H. Langlois. Polyclès Langlois, lith. Lith. d'A. Péron et de N. Périaux à Rouen.

3° (p. 39). Vue intérieure de la Chapelle de N.-D. de Salut à Fécamp, par H. Langlois. Polyclès Langlois, lith. Lith. d'A. Péron, succ[r] de N. Périaux, Rouen.

4° (p. 176). Notre-Dame de Lillebonne, par Bligny, lith. A. Péron, succ[r] de N. Périaux, Rouen.

5° (p. 221). Eglise de Neuville. Sans nom d'artiste.

FRÈRE. *Manuel du Bibliographe Normand*, dit qu'il faut 12 lithographies. Dans tous les exemplaires que j'ai collationnés je n'en ai trouvé que onze.

Il existe une SECONDE ÉDITION : 1er vol. *Ingouville, Imprimerie de Roquencourt, éditeur.* 1846. Dans ces exemplaires le Canton du Havre finit à la page 44 ; il y a un changement dans ce chapitre, la note qui se trouve à la fin est beaucoup plus longue. Ce volume a été réimprimé. Il y a des changements : Dans la première édition (p. 78) il y a 28 lignes à la page, dans celle-ci il n'y en a que 27. Page 79 la même différence existe. Page 273, il y a 28 lignes dans les deux éditions, mais dans la première il y a quatre mots à la dernière ligne : *Valery, comme leur église* ; dans cette édition ces mots sont à la vingt-sixième ligne, il y a en plus : *habitants portent le nom de.* Page 276, dans la première édition, il y a 29 lignes, dans celle-ci il n'y en a que 26.

2e vol. *Ingouville, Imprimerie de Roquencourt, Editeur.* 1846. Dans ce volume le titre seul est changé.

L'INSTITUT DE FRANCE, dans sa séance publique du 30 juillet 1847, a accordé une Mention très honorable pour cet Ouvrage.

Voir un *Compte-Rendu* de cet Ouvrage dans le *Journal de l'Arrondissement du Havre* du 1er septembre 1841, signé : A. D. et dans la *Revue de Rouen*, 1846, pp. 303 à 312, par Anatole Dauvergne.

2. — LES EGLISES DE L'ARRONDISSEMENT DE DIEPPE. *Dieppe. Mme Vve Marais, libraire-éditeur, Grande-Rue, 41.* (Dieppe. Imp. de J.-B.-S. Lefebvre). 1846. In-8°, avec 6 lith.

LES EGLISES DE L'ARRONDISSEMENT DE DIEPPE. Eglises rurales. *Paris. Derache, rue du Bouloy, 7 ; Dumoulin, quai des Augustins, 13. — Rouen. Lebrument, quai Napoléon ; Fleury, place Saint-Ouen. — Dieppe. Mme Vve Marais, Grande-Rue.* (Dieppe. Imprimerie de Levasseur, rue Duquesne, 3.) 1850. In-8° avec 4 lith. hors texte et gravures sur bois dans le texte. — En tout 2 vol.

1er vol. : Faux-titre ; — Titre impr. ; — Saint-Rémy de Dieppe, pp. 5 à 56 ; — Saint-Jacques de Dieppe, pp. 57 à 127 ; — Eu, pp. 129 à 170 ; — Le Tréport, pp. 171 à 191 ; — Arques, pp. 193 à 228 ; — Saint-Victor-l'Abbaye, pp. 229 à 240 ; — Auffay, pp. 241 à 252 ; — Longueville, pp. 253 à 262 ; — Le Bourg-Dun, pp. 263 à 272 ; — Neuville-le-Pollet, pp. 273 à 286 ; — Le Petit-Appeville, pp. 287 à 289 ; — et 1 f. n. chiff. ; au recto : la Table des Matières ; au verso : l'*Errata*.

2e vol. : Faux-titre ; — Titre impr. ; — Préface des Editeurs, pp. 5 à 12 ; — 1 f. n. chiff. ; au recto : Extrait des Procès-verbaux du Conseil général de la Seine-Inférieure ; — au verso : Bref de Sa Sainteté Pie IX (en latin) ; — 1 f. n. chiff., Traduction du Bref ; — Canton d'Offranville, pp. 17 à 168 ; — Canton d'Envermeu, pp. 169 à 278 ; — Canton d'Eu, pp. 279 à 354 ; — Canton de Longueville, pp. 355 à 394 ; — Canton de Bellencombre, pp. 395 à 434 ; — Canton de Bacqueville, pp. 435 à 488 ; — Canton de Tôtes, pp. 489 à 529 ; — l'*Errata* se trouve au verso de ce dernier feuillet ; — Table des Matières, pp. 531 à 536 ; — Noms des Souscripteurs, pp. 537 à 543. (La Table de ce second Volume a été faite par l'abbé Malais.)

INDICATION DES LITHOGRAPHIES :

Tom. I. 1° au Titre : Eglise St-Rémy de Dieppe. Intérieur 1833.
2° (p. 57). Eglise St-Jacques de Dieppe en 1833.
3° (p. 129). Eglise de la Ville d'Eu.
4° (p. 171). Eglise St-Jacques au Tréport.
5° (p. 193). Eglise d'Arques.
6° (p. 263). Eglise du Bourg-Dun. Lith. J. Rigo et Cie.

Les cinq premières lith. par de Jolimont. Imp. P.-A. Desrosiers à Moulins.

Tom. II. 1° au Titre : Eglise d'Auffai.
2° (p. 169). Eglise d'Envermeu.
3° (p. 355). Abside et Autel de Ste-Marguerite-sur-Mer.
4° (p. 435). Eglise de Varengeville.

Ces quatre lith. dessinées par A. Deville. Lith. par Dumée fils. Imp. Lemercier à Paris.

Voir un *Compte-Rendu* pour le Tome I dans le *Journal de Neufchâtel* du 7 mars 1848, signé : Ch. P. ; — pour le Tome II, dans la *Vigie de Dieppe* du 7 septembre 1849, signé : S. L. ; *Vigie de Dieppe*, 19 avril 1850, non signé. — Par P. Baudry, dans le *Mémorial de Rouen* du 15 janvier 1851 ; — pour les deux volumes par A. Archier, dans l'*Univers* du 20 septembre 1850.

3. — LES EGLISES DE L'ARRONDISSEMENT D'YVETOT. *Paris. Didron, rue Hautefeuille, 13 ; Derache, rue du Bouloy, 7. — Rouen. Lebrument, Fleury, François et Herpin, libraires. — Dieppe. Marais. — Yvetot. Delamare.* (Dieppe. Imprimerie d'Emile Delevoye.) 1852. 2 vol. in-8°, gravures sur bois dans le texte et 3 gravures hors texte.

1er vol. : Faux-titre ; — Titre impr. (il y a une vignette représentant l'Eglise de Rençon) ; — Préface des Editeurs, pp. I à VII ; — Canton de Caudebec, pp. 1 à 140 ; — Canton de Cany, pp. 141 à 208 ; — Canton de Doudeville, pp. 209 à 256 ; — Canton de Fauville, pp. 257 à 325 ; — Canton de Fontaine-le-Dun, pp. 327 à 369 ; — au verso de ce dernier feuillet se trouve l'*Errata*.

2e vol. : Faux-titre ; — Titre impr. (même vignette qu'au 1er vol.) ; — Canton de Saint-Valery-en-Caux, pp. 5 à 80 ; — Canton d'Ourville, pp. 81 à 138 ; — Canton de Valmont, pp. 139 à 226 ; —

Canton d'Yerville, pp. 227 à 310 ; — Canton d'Yvetot, pp. 311 à 388 ; — Les Ruines de Saint-Wandrille, pp. 389 à 409 ; au verso se trouve l'*Errata* et l'*Emendanda* pour les deux Volumes ; — Table des Matières, pp. 413 à 430 ; — 1 f. n. chiff. pour l'*Errata* et *Corrigenda* du Tome Ier ; — et 4 ff. n. chiff. pour la Liste des Souscripteurs.

INDICATION DES LITHOGRAPHIES :

Tom. I. (p. 62). Vallée de Ste-Gertrude. (Cette vue est comprise dans la pagination.)
(p. 328). Baptistère de Fontaine-le-Dun. — Chapelle du Château de la Cour-le-Comte.
Tom. II. (p. 128). Eglise d'Atmesnil. — Eglise de Routes.

Cette Edition a été tirée à 500 exemplaires.

FRÈRE, *Manuel du Bibliographe Normand*, dit qu'il existe un Compte-rendu de cet Ouvrage par Alex. Fromentin, dans le *Journal de Rouen* du 5 mars 1853.

4. — LES EGLISES DE L'ARRONDISSEMENT D'YVETOT. Deuxième Edition. *Paris. Didron, rue Hautefeuille, 13 ; Derache, rue du Bouloy, 7. — Rouen. Lebrument, Fleury, François et Herpin, libraires. — Dieppe. Marais. — Yvetot. Delamare.* (Dieppe. Imprimerie d'Emile Delevoye.) 1853. 2 vol. in-8°, gravures sur bois dans le texte et 1 gravure hors texte.

1er vol. : Faux-titre ; — Titre impr. (la vignette est la même qu'à l'édition précédente) ; — Préface des Editeurs, pp. I à VII ; — Canton de Caudebec, pp. 1 à 156 ; — Canton de Cany, pp. 157 à 224 ; — Canton de Doudeville, pp. 225 à 270 ; — Canton de Fauville, pp. 271 à 342 ; — Canton de Fontaine-le-Dun, pp. 343 à 385.

2e vol. : Faux-titre ; — Titre impr. (même vignette) ; — Canton de Saint-Valery-en-Caux, pp. 5 à 76 ; — Canton d'Ourville, pp. 77 à 133 ; — Canton de Valmont, pp. 135 à 224 ; — Canton d'Yerville, pp. 225 à 308 ; — Canton d'Yvetot, pp. 309 à 383 ; — Table des Matières, pp. 385 à 402.

La gravure hors texte se trouve dans le Tome I, page 92. Eglise Sainte-Gertrude. Cette édition a été tirée à 500 exemplaires.

Dans cette SECONDE ÉDITION, il existe de nombreux changements dans le Texte, l'ordre des Eglises est changé dans le Canton de Caudebec (1er vol.). Les Ruines de l'Abbaye de Saint-Wandrille se trouvent dans le 1er vol., pp. 55 à 80, au lieu de se trouver dans le 2me vol. comme dans l'Edition précédente. Il existe aussi bien des changements dans les gravures, il y en a de nouvelles, d'autres sont supprimées.

5. — GALERIE DIEPPOISE ou Notices biographiques sur les Hommes célèbres de Dieppe. *Dieppe. Imprimerie d'Emile Delevoye, rue Duquesne, n° 3.* 1846. in-8°.

Titre impr. ; — Galerie, pp. 3 à 203 ; on lit au verso de ce dernier feuillet : « Ici finit la première série de la *Galerie Dieppoise*. Nous continuerons cette collection à mesure que le temps et les circonstances nous le permettront. Dieppe, le 22 mai 1851 » ; — et 1 f. n. chiff. pour la Table. (La couverture porte 1846-51.)

Voici les Biographies contenues dans cette première série :

L'abbé Guibert, pp. 3 à 10 ; — Cousin-Despréaux, par P. Lamotte, pp. 11 à 18 ; — Honneurs rendus à l'abbé Guibert et à Cousin-Despréaux, par P. Lamotte, pp. 19 à 21 ; — Michel Borlé, pp. 22 à 25 ; — Descroizilles fils, par J. Girardin, pp. 26 à 28 ; — L'abbé Briche, pp. 29 à 32 ; — Thomas Bouchard, pp. 33 à 35 ; — L'abbé Gossier, pp. 36 à 43 ; — Jean Bouzard, par Emile Coquatrix, pp. 44 à 48 ; — L'évêque Poulard, pp. 49 à 54 ; — Noël de la Morinière, pp. 55 à 70 ; — Honneurs rendus à Noël de la Morinière, p. 71 ; — L'abbé Heuzey, par O. P., pp. 72 à 75 ; — L'abbé Auvray, pp. 76 à 78 ; — Descroizilles père, par D'Ambournay, pp. 79 et 80 ; — Crignon, pp. 81 et 82 ; — L'Echevin, par D'Ambournay, pp. 83 et 84 ; — Felle, pp. 85 à 87 ; — Deriennes, p. 88 ; — Richard Simon (première partie), pp. 89 à 116 ; — Pocholle, pp. 117 à 125 ; — Le prêtre Véron, pp. 126 à 136 ; — Pierre Graillon, par Graillon et Cochet, pp. 137 à 157 ; — Le Capitaine de Clieu, par l'abbé

Lecomte, pp. 158 à 170 ; — Le père Crasset, pp. 171 à 177 ; — Jean Ango, par L. Vitet, pp. 178 à 183 ; — Honneurs rendus à Jean Ango, par L. Vitet, pp. 184 et 185 ; — Mademoiselle de Rassent, pp. 186 à 191 ; — David Houard, par Paul Lemarcis, pp. 192 à 203.

Toutes les Notices où je n'ai pas indiqué le nom de l'Auteur sont de l'abbé Cochet.

Cette première série est *très rare*, elle n'a été tirée qu'à cinquante exemplaires. La plupart de ces articles ont d'abord paru dans la *Vigie de Dieppe*, de 1846 à 1851.

6. — GALERIE DIEPPOISE. Notices biographiques sur les Hommes célèbres ou utiles de Dieppe et de l'Arrondissement. Collection formée par M. l'abbé Cochet. *Dieppe. Emile Delevoye, imprimeur-éditeur, rue des Tribunaux, 7.* 1862. In-8° avec 1 portrait et 3 gravures hors texte.

Faux-titre ; — Portrait ; — Titre impr. ; — Avis des Editeurs, pp. 5 et 6 ; — Galerie Dieppoise, pp. 7 à 422 ; — Table, pp. 423 et 424.

Les nouvelles Biographies contenues dans cette seconde série sont en caractères ordinaires, celles qui ont déjà paru dans la première série sont en *italiques*.

Jean Ango, par L. Vitet, à la suite : Lettre de l'abbé Cochet relative à la Sépulture de Jean Ango (10 août 1859) ; — Réponse de la Chambre de Commerce (4 septembre 1859) ; — Lettre de l'abbé Cochet ; — Le Caveau d'Ango et sa famille à Saint-Jacques de Dieppe, pp. 7 à 24 ; — Charles des Marets, par Ad. de Grattier, pp. 25 à 38 ; — *Le prêtre Guibert*, pp. 39 à 48 ; — *Cousin-Despréaux*, par P. Lamotte, pp. 49 à 58 ; — Honneurs rendus au prêtre Guibert et à Cousin Despréaux, pp. 59 à 62 ; — *Le sculpteur Borlé*, pp. 63 à 66 ; — *Descroizilles*, par J. Girardin, pp. 67 à 70 ; — *L'abbé Briche*, pp. 71 à 76 (il y a en plus l'inscription commémorative de cet Abbé) ; — *Thomas Bouchard*, pp. 77 à 80 ; — *L'abbé Gossier*, pp. 81 à 90 ; — *Jean Bouzard*, par Emile

Coquatrix, pp. 91 à 96 ; — *L'Evêque Poulard*, pp. 97 à 104 ; — *Noël de la Morinière*, pp. 105 à 124 ; — Honneurs rendus à Noël de la Morinière, 1 f. n. chiff. ; — *L'abbé Heuzey* (dans la première série cette Biographie était signée O. P., dans celle-ci la notice est beaucoup plus étendue et elle est signée par l'abbé Cochet), pp. 127 à 134 ; — *L'abbé Auvray*, pp. 135 à 138 ; — *Descroizilles père*, par D'Ambournay, pp. 139 et 140 ; — *Crignon*, pp. 141 à 143 ; — *L'Echevin*, par D'Ambournay, p. 144 ; — *Felle*, pp. 145 à 148 ; — *Deriennes*, 1 f. n. chiff. ; — *Pocholle*, pp. 151 à 158 (il y a des changements dans cette notice) ; — *Jehan Veron* (il y a une note ajoutée à la fin), pp. 159 à 168 ; — *Le père Crasset*, pp. 169 à 176 ; — *Le capitaine de Clieu*, par l'abbé Lecomte, pp. 177 à 188 ; — *Mademoiselle de Rassent*, pp. 189 à 196 ; — Guillaume de Saane, pp. 197 à 200 ; — *David Houard*, par Paul Lemarcis, pp. 201 à 214 ; — Nell de Bréauté, pp. 215 à 229 ; — De Blainville (extrait du *Magasin Pittoresque*, année 1850, T. XVIII, pp. 275 et 276), pp. 231 à 234 ; — Dulague, par Eliacim Jourdain, pp. 235 à 238 ; — Hue de Miromesnil, pp. 239 à 242 ; — Mgr Robin et les Evêques de Bayeux des environs de Dieppe, pp. 243 à 248 ; — David Asseline, pp. 249 à 253 ; — Hommage rendu à David Asseline, pp. 254 à 256 ; — Abraham du Quesne, par P.-J. Féret, pp. 257 à 294 ; — Messire J.-B. de Clieu, par l'abbé Lecomte, pp. 295 à 306 ; — Mme d'Etrépagny, pp. 307 à 310 ; — L. des Guerrots, pp. 311 à 314 ; — Amédée Féret, pp. 315 à 318 ; — Salomon de Caus, pp. 319 à 324 (extrait du *Magasin Pittoresque*, année 1850, T. XXIII, pp. 193 à 195) ; — Désiré Lebeuf, pp. 325 et 326 ; — Richard Simon (dans la première série il n'y a eu que la première partie de publiée, dans celle-ci il y a les deux parties plus son testament), pp. 327 à 379 ; — Hommage rendu à Richard Simon, p. 380 ; — Dom le Fournier, pp. 381 et 382 ; — Théophile Gelée, — Adrien Golles, — Jean Pecquet, pp. 383 à 392 ; — Le cardinal de Longueil, par l'abbé Lecanu, pp. 393 à 398 ; — L. Estancelin (il n'y a pas de nom d'auteur), pp. 399 à 403 ; — *Pierre Graillon* (notice rédigée sur les notes manuscrites de M. Graillon par l'abbé Cochet), pp. 405 à 422.

INDICATION DES GRAVURES :

1° (au Titre). Portrait. M. l'abbé Cochet, inspecteur des monuments historiques et religieux de la Seine-Inférieure. Grav. par Carbonneau.

2° (p. 91). Maison Bouzard, sur la jetée de Dieppe, démolie en 1856.

3° (p. 231). M. de Blainville, professeur au Muséum d'histoire naturelle de Paris.

4° (p. 357). Eglise et Presbytère de Bolleville-en-Caux, près Bolbec, où Richard Simon fut curé (1678-1691).

Toutes les Notices où le nom de l'auteur n'est pas indiqué sont de l'abbé Cochet. — La plupart de ces Articles ont d'abord paru dans la *Vigie de Dieppe*. — Tiré à 1,500 exemplaires.

Voir un *Compte-Rendu* de cet Ouvrage dans la *Revue de la Normandie*, 1862, pp. 320 à 325, par Brianchon.

7. — LA NORMANDIE SOUTERRAINE ou Notice sur des Cimetières Romains et des Cimetières Francs explorés en Normandie. *Rouen. Lebrument, libraire-éditeur, quai Napoléon, 45. — Paris. Derache, rue du Bouloi, 7 ; V. Didron, rue Hautefeuille, 13. — Londres. Otto Marcus, 8, Oxford street. — Oxford. W. Parker. — Dieppe. Marais, Grande-Rue.* (Dieppe. E. Delevoye, imprimeur.) 1854. Gr. in-8° avec 17 planches lith. hors texte, gravures dans le texte.

Faux-titre ; — Titre impr. ; — Dédicace : A M. E. Leroy, préfet de la Seine-Inférieure ; A M. Henry Barbet, président et à MM. les Membres du Conseil général de la Seine-Inférieure, Hommage respectueux de l'Auteur, 1 f. n. chiff. ; — A M. le Préfet et à MM. les Membres du Conseil général de la Seine-Inférieure, Dieppe le 1er janvier 1854, pp. VII à IX ; au verso de ce dernier feuillet se trouve un Extrait des procès-verbaux du Conseil général de la Seine-Inférieure ; — Table des Chapitres, pp. XI et XII ; — Légende des planches mérovingiennes, pp. XIII à XV ; — La

Normandie Souterraine. Première partie. Des sépultures en général. Chap. I, II et III, pp. 1 à 42 ; — Deuxième partie. Des Cimetières Romains. Chap. IV, pp. 43 à 50 ; — Chap. V. Cimetière Romain de Cany, pp. 51 à 59 ; — Chap, VI. Cimetière Romain de Dieppe ou de Neuville-le-Pollet, pp. 61 à 73 ; — Chap. VII. Cimetière Romain du Bois des Loges, près Etretat (arrondissement du Havre), pp. 75 à 83 ; — Chap. VIII. Cimetière Romain de Fécamp, pp. 85 à 96 ; — Chap. IX. Cimetière Romain de Lillebonne, pp. 97 à 120 ; — Chap. X. Différents Cimetières Romains découverts en Normandie, pp. 121 à 141 ; — Chap. XI. Observations sur les Sépultures Gallo-Romaines. — Position des anciens Cimetières. — L'Inhumation et l'Incinération. — Les Coffrets funèbres, pp. 143 à 150 ; — Chap. XII. La Poterie, pp. 151 à 159 ; — Chap. XIII. La Verrerie, pp. 161 à 166 ; — Chap. XIV. Les Statuettes de Latone, pp. 167 à 170 ; — Chap. XV. Usages funéraires et croyances religieuses des Païens. — Conclusion des Cimetières romains, pp. 171 à 175 ; — La Normandie Souterraine. Troisième partie. Des Cimetières Francs. Chap. XVI. La Vallée de l'Eaulne, pp. 177 à 179 ; — Chap. XVII. Cimetière Franc-Mérovingien de Londinières, pp. 181 à 244 ; — Chap. XVIII. Cimetière Franc-Mérovingien de Lucy, pp. 245 à 252 ; — Chap. XIX. Cimetière Franc-Mérovingien de Parfondeval, pp. 253 à 258 ; — Chap. XX. Cimetière Mérovingien d'Envermeu, pp. 259 à 302 ; — Chap. XXI. Cimetière Franc-Mérovingien de Douvrend, pp. 303 à 318 ; — Chap. XXII. Cimetière Franc-Carlovingien de Dieppe, pp. 319 à 330 ; — Chap. XXIII. Cimetière Franc-Carlovingien d'Etretat, pp. 331 à 338 ; — Chap. XXIV. De quelques autres Cimetières Francs aperçus dans la Seine-Inférieure, pp. 339 à 352 ; — Chap. XXV. Description des Monnaies Franques trouvées dans le Cimetière Mérovingien d'Envermeu, précédée de considérations historiques sur les systèmes monétaires en usage chez les Franks, aux Ve et VIe siècles. — Lettre de M. Thomas, avocat à Rouen, à M. l'abbé Cochet, pp. 353 à 394 ; — Corrections et Additions, pp. 395 à 398 ; — Table des Matières, pp. 399 à 406 ; — Noms des Souscripteurs, 3 ff. n. chiff.

INDICATION DES PLANCHES :

Pl. I. (p. 51). Cimetière Romain de Cany. Vases en terre rouge, grise et blanche Verre, bronze et terre cuite. On lit dans le haut à gauche : Plan de la propriété de Mrs Souday frères à Cany dans laquelle a été trouvé un Cimetière Gallo-Romain en 1849. — Mlle Esther Pottier, del. Lith. de A. Péron, Rouen.

Pl. II. (p. 61). Fouilles de Neuville-le-Pollet en 1845. A. Deville, del. Lith. A. Péron, Rouen.

Pl. III. (p. 64). Cimetière Romain de Dieppe ou Neuville-le-Pollet. 1850. Lith. A. Péron, Rouen.

Pl. IV. (p. 75). Vases Romains du Cimetière du Bois des Loges, près Fécamp (Seine-Infre). Mlle Esther Pottier, del. Lith. A. Péron, Rouen.

Pl. V. (p. 85). Cimetière Romain de Fécamp. (1852). L. Champion, dess. et lith. Lith. Em. Delevoye, à Dieppe.

Pl. VI. (p. 97). Fouilles de Lillebonne. 1853. Ed. Tudot, del. et lith.

Pl. VII. (p. 177). Sépultures Mérovingiennes de Londinières. A. Deville, del. Lith. A. Péron, Rouen.

Pl. VIII. (p. 241). Bouclier Franc trouvé à Londinières en 1852. A. Feret, del. L. Champion, lith. Lith. Em. Delevoye à Dieppe.

Pl. IX. (p. 247). Monnaies et Antiquités Franques de la Vallée de l'Eaulne. L. Champion, del. et lith. Lith. Em. Delevoye à Dieppe.

Pl. X. (p. 268). Antiquités Franques de la Vallée de l'Eaulne. L. Champion, del. et lith. Lith. Em. Delevoye à Dieppe.

Pl. XI. (p. 273). Vases et Objets antiques trouvés dans les fouilles du Cimetière Mérovingien d'Envermeu en 1850. Mlle Esther Pottier, del. Lith. de A. Péron, Rouen.

Pl. XII. (p. 281). Antiquités Franques de la Vallée de l'Eaulne. (Sans aucun nom).

Pl. XIII. (p. 288). Monnaies et Antiquités Franques d'Envermeu (Vallée de l'Eaulne). L. Champion, del. et lith. Lith. Em. Delevoye à Dieppe.

Pl. XIV. (p. 305). Antiquités Franques d'Envermeu (Vallée de l'Eaulne). L. Champion, del. et lith. Lith. Em. Delevoye à Dieppe.

Pl. XV. (p. 310). Antiquités Franques de la Vallée de l'Eaulne. L. Champion, del. et lith. Lith. Em. Delevoye à Dieppe.

Pl. XVI. (p. 321). Antiquités Franques de la Vallée de l'Eaulne. L. Champion, del. et lith. Lith. Em. Delevoye à Dieppe.

Pl. XVII. (p. 392). Monnaies Franques d'Envermeu. (1852). Lith. Em. Delevoye à Dieppe.

Tiré à 500 exemplaires. — En tête de chaque planche, on lit : Normandie Souterraine.

Cet Ouvrage a été couronné par l'Institut en 1854. L'édition a été épuisée dans les trois premiers mois de son apparition.

Voir un *Compte-Rendu* de cet Ouvrage, par A. Moutié, dans la *Vigie de Dieppe* du 2 juin 1854.

8. — La Normandie Souterraine ou Notice sur des Cimetières Romains et des Cimetières Francs explorés en Normandie. SECONDE ÉDITION. *Paris. Derache, rue du Bouloi, 7 ; V. Didron, rue Hautefeuille, 13. — Londres. Otto Marcus, 8, Oxford street. — Oxford. W. Parker. — Rouen. Lebrument, Fleury, Herpin et Lanctin, libraires. — Dieppe. Marais, Grande-Rue.* (Dieppe. Emile Delevoye, imprimeur.) 1855. Gr. in-8° avec un Portrait de l'Auteur gravé sur bois, 17 planches lith. hors texte et de nombreuses gravures dans le texte.

Faux-titre ; — Portrait ; — Titre impr. ; — Dédicace : A M. le Préfet et à MM. les Membres du Conseil général de la Seine-Inférieure, Dieppe, le 1er août 1854, pp. VII à IX ; au verso : Extrait des Procès-verbaux du Conseil général ; — Table des Chapitres, pp. XI et XII ; — Légende des planches Mérovingiennes, pp. XIII à XVI ; — La Normandie Souterraine. Première partie. Des Sépultures en général. Chap. I, II et III, pp. 1 à 51 ; — Deuxième partie. Chap. IV. Des Cimetières Romains, pp. 53 à 60 ; — Chap. V. — Cimetière Romain de Cany, pp. 61 à 70 ; — Chap. VI. Cimetière Romain de Dieppe ou de Neuville-le-Pollet, pp. 71 à 85 ; — Chap. VII. Cimetière Romain du Bois des Loges, près Etretat (arr. du Havre), pp. 87 à 96 ; — Chap. VIII. Cimetière Romain de Fécamp, pp. 97 à 109 ; — Chap. IX. Cimetière Romain de Lillebonne, pp. 111 à 137 ; — Chap. X. Différents Cimetières Romains découverts en Normandie, pp. 139 à 160 ; — Chap. XI. Observations sur les Sépultures Gallo-Romaines. — Position des anciens Cimetières. — L'Inhumation et l'Incinération. — Les Coffrets funèbres, pp. 161 à 169 ; — Chap. XII. La Poterie, pp. 171 à 181 ; — Liste alphabétique des Noms de potiers Romains trouvés en Normandie, p. 182 ; — Chap. XIII. La Verrerie, pp. 183 à 190 ; — Chap. XIV. Les Statuettes de Latone, pp. 191 à 194 ; — Chap. XV. Usages funéraires et Croyances religieuses des Païens. — Conclusion des Cimetières Romains, pp. 195 à 200 ; — Troisième partie. Des Cimetières Francs. Chap. XVI. La Vallée de l'Eaulne, pp. 201 à 203 ; — Chap. XVII. Cimetière Franc-Mérovingien de Londinières, pp. 205 à 295 ; — Chap. XVIII. Cimetière Franc-Mérovingien de Lucy, pp. 297 à 304 ; — Chap. XIX. Cimetière Franc-Mérovingien de Parfondeval, pp. 305 à 312 ; — Chap. XX. Cimetière Franc-Mérovingien d'Envermeu, pp. 313 à 381 ; — Chap. XXI. Cimetière Franc-Mérovingien de Douvrend, pp. 383 à 401 ; — Chap. XXII. Cimetière Franc de Dieppe, pp. 403 à 416 ; — Chap. XXIII. Cimetière Franc d'Etretat, pp. 417 à 425 ; — Chap. XXIV. De quelques autres Cimetières Francs aperçus dans la Seine-Inférieure, pp. 427 à 446 ; — Table des Matières, pp. 447 à 455 ; – L'*Errata* se trouve au verso de ce dernier feuillet.

INDICATION DES LITHOGRAPHIES :

1° Au Titre : L'abbé Cochet (Portrait). Inspecteur des Monuments historiques de la Seine-Inférieure. Gravé par Carbonneau.
2° (p. 61). Pl. I. Cimetière Romain de Cany.
3° (p. 71). Pl. II. Fouilles de Neuville-le-Pollet en 1845.
4° (p. 80). Pl. III. Cimetière Romain de Dieppe ou Neuville-le-Pollet. 1850.
5° (p. 87). Pl. IV. Vases Romains du Cimetière du Bois des Loges, près Fécamp (Seine-Infre).
6° (p. 97). Pl. V. Cimetière Romain de Fécamp. 1852.
7° (p. 129). Pl. VI. Fouilles de Lillebonne. 1833.
8° (p. 205). Pl. VII. Sépultures Mérovingiennes de Londinières.
9° (p. 289). Pl. VIII. Bouclier Franc trouvé à Londinières en 1852.
10° (p. 297). Pl. IX. Monnaies et Antiquités Franques de la Vallée de l'Eaulne.
11° (p. 328). Pl. X. Antiquités Franques de la Vallée de l'Eaulne.
12° (p. 337). Pl. XI. Vases et Objets antiques trouvés dans les fouilles du Cimetière Mérovingien d'Envermeu en 1850.
13° (p. 345). Pl. XII. Antiquités Franques de la Vallée de l'Eaulne.
14° (p. 354). Pl. XIII. Antiquités Franques d'Envermeu (Vallée de l'Eaulne). Dans le haut de cette planche les monnaies sont remplacées par des têtes de clous, bouton, boucle.
15° (p. 368). Pl. XIV. Antiquités Franques d'Envermeu (Vallée de l'Eaulne).
16° (p. 385). Pl. XV. Antiquités Franques de la Vallée de l'Eaulne.
17° (p. 401). Pl. XVI. Antiquités Franques de la Vallée de l'Eaulne.
18° (p. 417). Pl. XVII. Antiquités Franques de la Vallée de l'Eaulne.
19° (p. 433). Pl. XVIII. Antiquités Franques de la Vallée de l'Eaulne.

Cette SECONDE ÉDITION a été tirée à 700 exemplaires.

Dans cette édition, lès Chapitres sont beaucoup plus longs et les gravures dans le texte sont plus nombreuses que dans la Première édition.

Le prix du vol. était de 5 fr. pour les souscripteurs avant le 10 janvier 1855. Après, 7 fr. 50.

Un *Prospectus* in-8° de cet ouvrage a été publié par Delevoye à Dieppe. Il se compose de 16 pp. chiff. On trouve la reproduction des lettres que les Savants Français et Etrangers ont adressé à l'abbé Cochet.

Un *Compte-Rendu* de cet Ouvrage a été fait par M. Raymond Bordeaux. Voir aux Ouvrages ayant rapport à l'abbé Cochet.

9. — SÉPULTURES GAULOISES, ROMAINES, FRANQUES ET NORMANDES, faisant suite à la NORMANDIE SOUTERRAINE. *Paris. Derache, rue du Bouloi, 7 ; V. Didron, rue St-Dominique-St-Germain, 23. — Londres. W. Parker, 377, Strand ; J. Russell Smith, Soho Square. — Rouen. Lebrument, Fleury, Herpin et Lanctin, libraires. — Dieppe. Marais, Grande-Rue.* (Dieppe. Em. Delevoye, imprimeur.) 1857. In-8°, gravures sur bois et 1 pl. hors texte.

Faux-titre ; — Titre impr. ; — Dédicace : A M. E. Leroy, préfet de la Seine-Inférieure et à M. le comte L. de La Borde, membre de l'Institut, 1 f. n. chiff. ; au verso, une gravure : Les Allemands primitifs, d'après les fouilles d'Oberflacht ; — Table des Chapitres, pp. VII et VIII ; — Bibliographie Franque, pp. IX à XVI ; — Première partie. Sépultures Gauloises. Chap I. Sépultures Gauloises trouvées au Château de Robert-le-Diable à Moulineaux, près Rouen, pp. 1 à 38 ; — Deuxième partie. Sépultures Romaines. Chap. II. Sépultures Romaines des trois premiers siècles de notre ère, découvertes dans le Grand-Val d'Etretat, pp. 39 à 49 ; — Chap. III. Sépultures Gallo-Romaines du second siècle de notre ère, trouvées en 1856 entre Berneval-le-Grand et St-Martin-en-

Campagne (arr. de Dieppe), pp. 51 à 68 ; — Chap. IV. Cimetière Gallo-Romain des trois premiers siècles, découvert et exploré en 1755 à Grainville-l'Allouette (arr. du Havre), pp. 69 à 87 ; — Légende de la planche des Vases Romains de Grainville-l'Allouette, pp. 87 à 93 ; — Troisième partie. Sépultures Franques. Chap. V. Antiquités Romaines et Tombeaux Francs trouvés à Caudebec-les-Elbeuf, pp. 95 à 121 ; — Chap. VI. Cimetière Franc découvert à Martot, commune de Criquebeuf-sur-Seine, canton du Pont-de-l'Arche (Eure), pp. 123 à 129 ; — Chap. VII. Cimetière Franc découvert et exploré à Ouville-la-Rivière (arr. de Dieppe) en 1854, pp. 131 à 156 ; — Chap. VIII. Procès-verbal journalier de la cinquième exploration archéologique du Cimetière Mérovingien d'Envermeu, en septembre 1854, pp. 157 à 177 ; — Chap. IX. Procès-verbal journalier de la sixième exploration du Cimetière Mérovingien d'Envermeu, en septembre 1855, pp. 179 à 199 ; — Chap. X. Archéologie Franque. — Armes et Equipement militaire. — Les épées, les haches, les sabres ou scramasaxes, les couteaux, l'angon, les lances, le bouclier, les chevaux et leur harnachement, pp. 201 à 238 ; — Chap. XI. Archéologie Franque. — Ornements, ustensiles et meubles. — Les Tissus et les fils d'or, les Coffrets, les Balances, les Bourses ou Aumonières, pp. 239 à 277 ; — Chap. XII. Archéologie Franque. — Les seaux ou baquets, pp. 279 à 301 ; — Quatrième partie. Sépultures Normandes. Chap. XIII. Croix d'absolution placées sur les morts au moyen-âge en Normandie, en France et en Angleterre, pp. 303 à 318 ; — Chap. XIV. Sépultures Chrétiennes de la période anglo-normande, trouvées à Bouteilles, près Dieppe, en 1855, pp. 319 à 330 ; — Chap. XV. Tombeaux Chrétiens de la période anglo-normande, trouvés à Bouteilles, près Dieppe, en 1856, pp. 331 à 338 ; — Chap. XVI. Sur la coutume de placer des vases dans la sépulture de l'homme, et spécialement dans les sépultures chrétiennes, depuis le XIe jusqu'au XVIIe siècle, pp. 339 à 396 ; — Chap. XVII. Supplément. — Sépultures Gauloises, Romaines et Franques, découvertes dans la Seine-Inférieure pendant l'impression de cet ouvrage, pp. 397 à 438 ; — Table des Matières, pp. 439 à 452.

INDICATION DE LA PLANCHE :

P. 87 : Vases Romains trouvés à Grainville-l'Allouette, près Fécamp en 1755. (D'après un dessin de M. Duboccage *(sic)* de Bléville.) Lith. Delevoye à Dieppe. On lit dans le haut : Sépultures Gauloises. Romaines, Franques et Normandes. P. 87.

Le récit de M. *Dubocage de Bléville*, pp. 72 à 78, a été copié sur le *Manuscrit Original* qui se trouve chez M. Holker (Château de Gainneville, Seine-Inférieure).

Les pp. 345 et 346, 349 et 350 ne sont pas chiffrées.

P. 345 : Vases funéraires Gallo-Romains en terre cuite. (Pays de Caux, Ier, IIe et IIIe siècle.)

P. 346 : Vases funéraires Gallo-Romains en verre id.

P. 349 : Vases funéraires des Francs. — Dieppe.

P. 350 : Vases funéraires des Francs. — Etretat.

Cet Ouvrage a été tiré à 650 exemplaires.

Voir un *Compte-Rendu* de cet Ouvrage dans la *Vigie de Dieppe* du 10 février 1857.

10. — Le Tombeau de Childéric Ier. Roi des Francs, Restitué à l'aide de l'Archéologie et des découvertes récentes, faites en France, en Belgique, en Suisse, en Allemagne et en Angleterre. *Paris. Derache, rue du Bouloi, 7 ; Didron, rue St-Dominique-St-Germain, 23 ; A. Durand, rue des Grès, 7 ; H. Bossange, quai Voltaire, 25. — Rouen. A. Lebrument, quai Napoléon. — Dieppe. Marais, Grande-Rue. — Londres. John et H. Parker, Strand, 377.* (Dieppe. Emile Delevoye, imprimeur.) 1859. Gr. in-8°, avec nombreuses gravures sur bois intercalées dans le texte.

Prix : 10 fr.

Pour les souscripteurs le prix était de 7 fr.

Faux-titre ; — Titre impr. ; — Dédicace : A Monsieur le duc d'Albert de Luynes, Membre de l'Institut de France, 1 f. n. chiff.; — Plan de l'Ouvrage et Table des Chapitres, pp. VII et VIII ; —

Introduction, pp. IX à XXI ; — Bibliographie, pp. XXIII à XXXI ; — Le Tombeau de Childéric Ier, pp. 1 à 446 ; — Errata, p. 447 ; — Table géographique des localités mentionnées dans cet Ouvrage, pp. 449 à 456 ; — Table alphabétique des Auteurs, des Recueils et des Ouvrages anonymes cités dans ce Livre, pp. 457 à 464 ; — Table des Matières, pp. 465 à 474.

A propos de cet Ouvrage, on lit ce qui suit dans le BULLETIN DU COMITÉ DE LA LANGUE, DE L'HISTOIRE ET DES ARTS DE LA FRANCE. *Paris. Imprimerie Impériale.* 1856. Tom. III, pp. 132 et 133 :

« M. Cochet propose de refaire l'*Anastasis Childerici I[i] Francorum regis, etc.*, de Chifflet ; mais il ne conserverait absolument que la partie historique de son récit et les quelques pages où il décrit les objets trouvés dans le tombeau du monarque mérovingien. Il élaguerait toutes les citations étrangères à la matière, de telle sorte qu'il resterait à peine un vingtième du texte de Chifflet dans le nouveau travail, et, en outre, ce texte primitif serait mis en français.

» Tous les dessins de Chifflet devraient être reproduits comme ils sont, parce que, tout défigurés qu'ils peuvent être, ils deviendraient le point de départ de la critique, des comparaisons et des rapprochements par lesquels M. l'abbé Cochet essayerait de leur restituer leur forme primitive. Il pense y arriver en plaçant à côté d'eux des objets semblables et bien dessinés, découverts en France, en Belgique, en Allemagne et en Angleterre.

» A l'égard des pièces qui subsistent encore, telles que la hache, la lance, l'épée, etc., on pourrait se passer des dessins de Chifflet et en faire exécuter de nouveaux avec la conscience et le soin qu'on apporte aujourd'hui à ce genre de reproductions ; mais pour les relever scientifiquement, on les encadrerait dans une série de lances, de haches, de boucles et d'épées franques, leurs contemporaines.

» La description des objets perdus nécessiterait l'emploi d'un moyen différent. M. l'abbé Cochet donnerait les dessins de Chifflet, quelque inexacts qu'ils puissent être, et le texte descriptif de cet auteur ; puis il placerait, en regard, des objets semblables, avec l'attribution que leur assignent les meilleurs archéologues français et étrangers.

» M. l'abbé Cochet évalue à environ dix planches de dessins et cent pages de texte in-4° l'étendue que comporterait cette publication, et il propose de l'intituler :

» *Le Tombeau de Childéric mieux connu et restitué à l'aide des récentes découvertes archéologiques faites en France, en Belgique, en Allemagne et en Angleterre* ».

Il existe un *Prospectus* de cet Ouvrage, imprimé chez *Emile Delevoye, à Dieppe*, il se compose de 16 pp. chiff.

Voir un *Compte-Rendu* de cet Ouvrage par A. CASTAN, dans la *Bibliothèque de l'Ecole des Chartes*, Tome I. 21e année. Cinquième série, 1859, pp. 94 à 96 ; —

par J. Quicherat, dans la *Revue Archéologique*. 16e année. 1859, pp. 380 à 383 ; — et par l'abbé J. Corblet, dans la *Revue de l'Art Chrétien*. Voir aussi aux *Ouvrages* ayant rapport à l'Abbé Cochet.

11. — La Seine-Inférieure Historique et Archéologique. Epoques Gauloise, Romaine et Franque. *Paris. Librairie Historique et Archéologique de Derache, libraire-éditeur, 48, rue Montmartre.* (Dieppe. Em. Delevoye, impr.) MDCCCLXIV (1864). In-4°, avec une Carte archéologique de ces trois périodes, 1 planche hors texte et de nombreuses gravures sur bois intercalées dans le texte.

Faux-titre ; — Titre impr. ; — Dédicace : A Monsieur le Sénateur Préfet et à Messieurs les Membres du Conseil général de la Seine-Inférieure, pp. 5 à 7 ; — Divisions territoriales de la Seine-Inférieure aux époques Gauloise, Romaine et Franque, pp. 9 à 33 ; — Voies Romaines de la Seine-Inférieure, pp. 35 à 76 ; — Répertoire historique et archéologique de la Seine-Inférieure. Arrondissement de Dieppe, pp. 77 à 167 ; — Arrondissement du Havre, pp. 168 à 247 ; — Arrondissement d'Yvetot, pp. 248 à 316 ; — Arrondissement de Neufchâtel, pp. 317 à 396 ; — Arrondissement de Rouen, pp. 397 à 519 ; — Supplément contenant les corrections et additions venues à la connaissance de l'auteur pendant l'impression de cet ouvrage, pp. 520 à 528 ; — Table géographique des noms de lieux de la Seine-Inférieure mentionnés dans les Titres ou Monuments des Epoques Gauloise, Romaine, Franque et Normande, pp. 529 à 531 ; — Table géographique des villes, communes, hameaux ou lieux dits de la Seine-Inférieure, mentionnés dans cet ouvrage, pp. 532 à 538 ; — Table générale des principales Matières contenues dans ce livre, pp. 539 à 548 ; — *Errata*, 1 f. n. chiff. ; — Liste des Souscripteurs, pp. 551 et 552.

La Carte (p. 9), on lit dans le haut à gauche : *Carte Archéologique du Département de la Seine-Inférieure aux époques Gauloise, Romaine et Franque dressée* *sous la direction de M. l'Abbé Cochet, Inspecteur des Monuments historiques de la Seine-Inférieure, par F.-N. Leroy. instituteur sup^r à Cany, membre de la Société des Antiquaires de Normandie, Membre de la Société Française d'Archéol^{ie} pour la conservation des Monuments historiques.* 1859. Dans le bas : Dessiné par F.-N. Leroy. Cany. 18 Mars 1856. Lith. A. Péron, Rouen.

On trouve quelquefois collé sur cette Carte un petit feuillet de 80 millim. de hauteur sur 58 de largeur. On y lit ce qui suit :

« Pour éviter toute méprise, je déclare que M. Leroy, de Cany, est l'auteur de cette carte, et que je n'y suis entré que pour quelques modifications et additions ; seulement, par mes actives démarches auprès de diverses administrations de la Seine-Inférieure, j'ai réuni les moyens nécessaires pour arriver à sa publication.

» Dieppe, le 1er Novembre 1859.

» L'Abbé Cochet ».

Le même avis occupe quatre lignes après l'*Errata* de la Seine-Inférieure (p. 549), il existe quelques changements avec la note ci-dessus.

La planche (p. 233). Cette planche est divisée en deux, à gauche : Statue de Bronze de Lillebonne, par E.-H. Langlois ; — à droite : Statue antique en marbre de Paros. Découverte à Lillebonne, Dép^t de la Seine-Inf^{re}, le 31 Mai 1828, par Mlle Espérance Langlois. Grav. par E.-H. Langlois. — Tiré à 500 exemplaires.

Voir un *Compte-Rendu* de cet Ouvrage par A. Caraven, dans l'*Echo du Tarn* du 27 Novembre 1864 et par Alex. Massé, dans la *Vigie de Dieppe* du 14 Avril 1865.

12. — La Seine-Inférieure Historique et Archéologique. Epoques Gauloise, Romaine et Franque. seconde édition. *Paris. Librairie Historique et Archéologique de Derache, éditeur, 48, rue Montmartre,* 48. (Rouen, imp. Boissel). MDCCCLXVI (1866). In-4°, avec 2 planches hors texte et de nombreuses gravures sur bois intercalées dans le texte.

Faux-titre ; — Titre impr. ; — Dédicace (la même qu'à l'édition précédente), pp. V à VII ; — Divisions territoriales de la Seine-Inférieure aux époques Gauloise, Romaine et Franque, pp. 9 à 34 ; — Voies Romaines de la Seine-Inférieure, pp. 35 à 80 ; — Répertoire historique et archéologique de la Seine-Inférieure. Arrondissement de Rouen, pp. 81 à 234 ; — Arrondissement de Dieppe, pp. 235 à 332 ; — Arrondissement du Havre, pp. 333 à 421 ; — Arrondissement d'Yvetot, pp. 422 à 497 ; — Arrondissement de Neufchâtel, pp. 498 à 588 ; — Supplément contenant les faits connus ou accomplis pendant l'impression de l'ouvrage, pp. 589 à 592 ; — Table géographique des noms de lieux de la Seine-Inférieure mentionnés dans les Titres ou Monuments des Epoques Gauloise, Romaine, Franque et Normande, pp. 593 à 595 ; — Table géographique des villes, communes, hameaux ou lieux dits de la Seine-Inférieure, mentionnés dans cet ouvrage, pp. 596 à 602 ; — Table générale des principales Matières contenues dans ce livre, pp. 603 à 612 ; — Liste des Souscripteurs (2me liste), pp. 613 et 614.

INDICATION DES PLANCHES :

1° (p. 400). La même qu'à l'édition précédente p. 233. Les deux Statues.

2° (p. 413). Plateau d'argent trouvé en Octobre 1864, à Lillebonne, dans une incinération gallo-romaine au IIe siècle.

Dans cette seconde édition, la *Carte Archéologique du Département de la Seine Inférieure* est supprimée. L'arrondissement de Rouen est en tête, les notes sur les Arrondissements sont augmentées, beaucoup de gravures sont ajoutées. — Tiré à 500 exemplaires.

Voir un *Compte-Rendu* de cet ouvrage dans la *Revue de la Normandie*. 1866. pp. 811 à 817, par X. (Frère).

13. — Répertoire Archéologique du Département de la Seine-Inférieure, rédigé sous les auspices de l'Académie des Sciences, Belles-Lettres et Arts de Rouen. *Paris. Imprimerie Nationale.* MDCCCLXXI (1871). In-4° à 2 colonnes. La couverture porte MDCCCLXXII (1872).

1 f. blanc ; — Faux-titre ; — Titre impr. ; — Bibliographie Historique et Archéologique du Département de la Seine-Inférieure, pp. I à XVI ; — Répertoire Archéologique. Arrondissement

de Dieppe, pp. 2 à 92 ; — Arrondissement du Havre, pp. 92 à 158 ; — Arrondissement de Neufchâtel, pp. 158 à 264 ; — Arrondissement de Rouen, pp. 264 à 476 ; — Arrondissement d'Yvetot, pp. 476 à 560 ; — Supplément. Arrondissement de Dieppe, pp. 561 à 568 ; — Arrondissement du Havre, pp. 568 à 574 ; — Arrondissement de Neufchâtel, pp. 574 à 576 ; — Arrondissement de Rouen, pp. 576 à 584 ; — Table des communes, pp. 585 à 589 ; — Table des noms de lieu Romains, Francs et du Moyen-Age, des communes supprimées, des hameaux, des lieux dits de la Seine-Inférieure cités dans ce Livre, pp. 591 à 597 ; — Table alphabétique des Matières, pp. 599 à 650 ; — Corrections et Additions, pp. 651 et 652 ; et 1 f. blanc.

Voir un *Compte-Rendu* de cet Ouvrage dans la *Revue de la Normandie*, 1863, pp. 230 à 233, par Brianchon. (L'abbé Cochet avait reçu une médaille d'or).

II. BROCHURES

Dans cette Nomenclature sont compris tous les travaux publiés dans les Recueils de plusieurs Sociétés savantes, même ceux pour lesquels il n'existe pas de tirage à part.

14. — ETRETAT ET SES ENVIRONS. *Havre. Imprimerie de J. Morlent, éditeur de la Normandie Pittoresque.* 1839. Gr. in-8°, orné de 3 gravures.

Faux-titre ; — Titre impr. — Criquetot, pp. 1 à 4 ; — Etretat, pp. 5 à 35 ; — Saint-Jouin, pp. 37 à 42 ; — Bruneval, pp. 43 à 48 ; — plus le Chapitre XI, numéroté en chiffres romains, pp. I à XII et intercalé entre les pages 35 et 37.

INDICATION DES GRAVURES :

1° (p. 1). Etretat. Vue de la Plage et de la Porte d'Amont, par Ochard. Grav. par Chamouin.

2° (p. 21). Pêcheurs d'Etretat, par Badin, grav. par Torlet.

3° (p. 44). Fonts Batismaux (*sic*) de l'Eglise de Bruneval (près d'Etretat), par Th[re] Henry, Lith. Hue, au Havre.

Extrait de la *Normandie Pittoresque*, publiée par Morlent. Mais le *Chapitre XI* paraît ici pour la première fois. *C'est un Supplément à l'article d'Etretat.* — Tiré à 300 exemplaires.

15. — RAPPORT POUR L'ETABLISSEMENT D'UNE SOCIÉTÉ CHARITABLE DE SAINT-FRANÇOIS-RÉGIS AU HAVRE. Fait par l'un de ses Membres. Novembre 1839. *Ingouville, Imprimerie de Le Petit, Grande-Rue, 42,* s. d. (1839). In-8°.

Texte, pp. 1 à 12. — La Couverture sert de Titre. — Il n'y a pas de Faux-titre. Ce *Rapport* n'est pas signé. — Il faut joindre à ce Rapport : *Compte-Rendu pour l'Année 1841*. Voir le n° 21.

16. — ESSAI HISTORIQUE ET DESCRIPTIF SUR L'ABBAYE DE GRAVILLE. *Havre. J. Morlent, imprimeur-libraire, rue Caroline, n° 30.* MDCCCXL (1840). In-8°, avec 1 lithog. hors texte.

Faux-titre ; — Titre impr. ; — Essai, pp. 5 à 38 et 1 f. blanc.

La *Lithographie* se trouve en regard du Titre. Elle a pour légende : *Croix du Cimetière de Graville.* Lith. Lenormand. Havre. — Tiré à 200 exemplaires. — *Très rare.*

Ce travail est d'abord paru dans les *Archives du Havre et de la Normandie.* Havre. 1840. Nos 1 et 2 (Janvier et Février).

Voir un *Compte-Rendu* dans la *Revue du Havre,* 3e année, par P. Massé.

17. — HISTOIRE COMMUNALE DE CRIQUETOT-L'ESNEVAL, rédigée d'après les Manuscrits de l'Abbé Lebret. *Ingouville, Imprimerie de Lepetit, Grande-Rue, 42,* 1840. In-8°.

Titre impr. ; — Histoire, pp. 3 à 16. Il n'y a pas de Faux-titre.

Tiré à 50 exemplaires. — *Rarissime.*

18. — HISTOIRE COMMUNALE DU TILLEUL, rédigée à l'aide du Terrier. *Ingouville, chez Le Petit, imprimeur-libraire, Grande-Rue.* 1840. In-8°.

Titre impr. ; Histoire pp. 3 à 20. — Il n'y a pas de Faux-titre. — Au recto de la Couverture, qui est à la fin, se trouve un *Erratum*.

Tiré à 100 exemplaires. — *Très rare.*

19. — NOTICE SUR LA VIE ET LES ECRITS DE DOM GUILLAUME FILLASTRE, Bénédictin de Fécamp. *Rouen. Imprimerie de Nicétas Périaux, rue de la Vicomté, 55.* 1841. In-8°.

Faux-titre ; — Titre impr. ; — Notice, pp. 5 à 31.

Extrait de la *Revue de Rouen*. 1841, pp. 280 à 291. — Tiré à 200 exemplaires. — *Très rare.*

20. — LES CACHOTS DE LA TOUR DU HAVRE. *Rev. de Rouen.* 1841. 2me semestre, pp. 19 à 23.

21. — COMPTE-RENDU POUR L'ANNÉE 1841, des résultats obtenus par la Société Charitable de Saint-Jean-François-Régis, pour le Mariage Civil et Religieux des Pauvres, et la Légitimation des Enfants Naturels. *Imprimerie de Le Petit, s. l. n. d.* (Ingouville 1841). In-4° de 2 ff. n. chiff. dont 1 f. blanc. — *Ce Compte-Rendu n'est pas signé.*

22. — Discours prononcé le 24 Mai 1841, dans la Chapelle de la Manufacture de Dentelles, le jour de la fête de Saint-François-Régis, Patron des Orphelins de Dieppe. *Dieppe. Imprimerie d'Emile Delevoye,* s. d. (1841). In-8°.

Titre impr. ; — Notice, pp. 3 et 4 ; — Discours, pp. 5 à 11. Il n'y a pas de Faux-titre ; — Tiré à 500 exemplaires. — *Rare.*

Le même avec ce Titre :

23. — Fête des Orphelines. Sermon prononcé a Dieppe, le 24 Mai, dans l'Etablissement de Charité de la Manufacture de Dentelles, s. l. n. d. (*Havre. Imp. J. Morlent, rue Caroline, 30.* 1841). In-8° de 8 pp. chiff. Prix : 0 fr. 25.

Il n'y a ni Titre ni Faux-titre.

Ce *Sermon* avait d'abord été publié sous le même Titre : *Fête des Orphelines,* etc. dans le *Mémorial Dieppois* et reproduit par la *Revue du Havre,* le 20 juin 1841, qui en fit un tirage à part. — *Rare.*

24. — Sermon pour la Fête de Saint-Sauveur, Patron des Matelots d'Etretat, le 6 Août 1840. *Dieppe. Imprimerie de Corsange.* 1841. In-8°.

Titre impr. ; — Sermon, pp. 3 à 18. — Il n'y a pas de Faux-titre.

Tiré à 200 exemplaires. — *Rare.*

25. — SERMON POUR LA FÊTE DE NOTRE-DAME-DE-BON-SECOURS, Patronne des Marins de Dieppe, prêché dans l'Eglise de Saint-Jacques. *Dieppe. Corsange.* 1841. In-8° de 16 pp. d'après la *Bibliographie de 1869* ; de 18 pp. d'après l'*Abbé Sauvage.*

Tiré à 500 exemplaires. — *Très rare.*

Malgré toutes mes recherches je n'ai pu m'en procurer un exemplaire.

26. — NOTICE SUR L'OBLIGATION IMPOSÉE AUX DÉCIMATEURS DE CONSTRUIRE ET DE RÉPARER LES CHŒURS ET CHANCELS DES EGLISES RURALES. *Bullet. Monum.* Tome VII. 1841. pp. 283 à 288.

S'applique à quelques Eglises de la Seine-Inférieure.

27. — SOUVENIR DU MOIS DE MARIE. *Dieppe.* 1841. In-8° de 4 pp.

Cette prière est *rarissime*. Je n'ai pu en voir un exemplaire. — Tiré à plus de 3,000.

28. — RAPPORT POUR L'ETABLISSEMENT D'UNE SOCIÉTÉ CHARITABLE DE SAINT-FRANÇOIS-RÉGIS A DIEPPE. Fait par l'un de ses Membres le 28 Février 1842. *Dieppe. Emile Delevoye, impr., s. d.* (1842). In-8°.

Faux-titre ; — Texte, pp. 3 à 12. — Il n'y a pas de Titre. — Ce Rapport n'est pas signé.

Tiré à 300 exemplaires. — *Très rare.*

29. — L'Abbé Guibert, chroniqueur Dieppois. (Notice biographique). *Rev. de Rouen.* 1842. 1er sem. pp. 16 à 24 et *Galerie Dieppoise.* 1846 et 1862.

30. — Fouilles d'Etretat (chronique). *Rev. de Rouen.* 1842. 1er sem. pp. 134 et 135. L'article est signé C.

31. — Lettre sur les Fouilles d'Etretat (Villa Romaine). *Bullet. Monum.* 1842. Tome viii. pp. 102 à 104.

32. — L'Etretat souterrain. Première série. Fouilles de 1835 et de 1842. *Rouen. Imprimé chez Nicétas Périaux, rue de la Vicomté, 55.* 1842. In-8° avec 2 lith. et 1 planche.

Faux titre ; — Titre impr. ; — L'Etretat souterrain, pp. 1 à 27.

Les deux Lith. se trouvent au Titre, elles représentent les objets trouvés. On lit comme légende :

Planche 1re : 1, 2, 3, 4. Vases funéraires, 5. Déversoir en pierre, 6. Tête entaillée.

Planche 2me : 1, 2. Chapitaux Romans de la Chapelle de St-Vallery. 3. Cercueil ou Auge avec ossemens (*sic*) d'enfant. 4. Couvercle du Cercueil. — Les deux lith. par Paul Vasselin, lith. Périaux.

Le Plan qui se trouve à la fin a été fait par Ds Lomet, Agt-Voyer ; on lit dans le haut : *Plan géométrique de l'Enclos Presbytéral d'Etretat et des Constructions Romaines qui y furent découvertes en 1842.* — Lith. Périaux, à Rouen.

Extr. à 200 exemplaires de la *Revue de Rouen.* 1842. pp. 318 à 331 et 380 à 389. Se trouve souvent réuni avec le n° 43.

Ce *Mémoire* a été communiqué à la *Commission des Antiquités de la Seine-Inférieure* dans la séance du 12 mai 1842.

Voir un *Compte-Rendu* dans le *Journal de l'Arrondissement du Havre* du 31 juillet 1842.

33. — Discours de Réception a l'Académie Royale des Sciences, Belles-lettres et Arts de Rouen. *Rouen. Imprimé chez Nicétas Périaux, rue de la Vicomté, 55.* 1842. In-8°.

Titre impr. ; — Discours, pp. 3 à 12 ; — Notes, pp. 13 à 19. Il n'y a pas de Faux-titre.

Extr. à 100 exemplaires du Vol. intitulé : Réceptions faites a l'Académie de Rouen. *Rouen. N. Périaux.* 1842. pp. 205 à 214 ; Notes, pp. 215 à 221. — *Rare.*

34. — Commerce de l'Arrondissement du Havre sous les Romains. *Rev. de Rouen.* 1842. 2me sem. pp. 263 à 272.

35. — Rapport sur la Société Charitable de Saint-François-Régis de Rouen, fait par l'un de ses Membres, en 1842. *s. l. n. d.* (Rouen. Imp. de N. Périaux. 1842). In-8° de 10 pp. chiff. et 1 f. blanc. Ce *Rapport* n'est pas signé.

Il n'y a ni Titre ni Faux-titre. — *Rare.*

36. — Les Inondations. Pélerinage à Fécamp, Yport, Vaucotte et Etretat après l'inondation du 24 septembre 1842. Pièces de vers par MM. Beuzeville et Th. Lebreton. *Rouen. Imprimé chez Nicétas Périaux, rue de la Vicomté, 55.* 1842. In-8°.

Prix : 1 fr. 25.

Titre impr. ; au verso : l'indication du tirage ; — Les Inondations, pp. 3 à 21 ; — Poésie de Th. Lebreton, pp. 22 à 24 ; — Poésie de M. Beuzeville, pp. 25 à 28 ; — Extrait de la Rev. de Rouen, pp. 29 et 30.

Extr. à 150 exemplaires de la *Rev. de Rouen*. Octobre 1842. pp. 227 à 245.

37. — APERÇU DU COMMERCE DES CALÈTES à l'époque Gallo-Romaine. *Rev. de Rouen*. 1842. 2me sem. pp. 257 à 272 et *Art en Province*. Moulins 1843 à 44.

Comprend l'Arrondissement du Havre.

38. — LETTRE A M. DE CAUMONT sur la Villa du Château-Gaillard. *Bullet. Monum.* Tome IX. 1843. pp. 106 à 111.

39. — FOUILLES DU CHATEAU-GAILLARD dans l'arrondissement du Havre. *Rouen. Imp. de Nicétas Périaux. s. d.* (1843). In-8° avec 1 plan.

Fouilles, pp. 1 à 7. Il n'y a ni Titre ni Faux-titre.

Le plan qui se trouve en tête a pour légende : *Maison Romaine du Château-Gaillard, dans le Bois des Loges* (Arrondissement du Havre). Lith. de N. Périaux à Rouen. *Revue de Rouen.*

Extr. à 50 exemplaires de la *Rev. de Rouen*. Janvier 1843. — Ce *Mémoire* a été également inséré dans le *Bullet. Monum.* Tome IX. 1843.

L'emplacement du *Château-Gaillard* est situé dans le *Bois des Loges*, sur les confins de cette dernière commune et de celle de *Bordeaux-St-Clair*, dans un enfoncement du grand val qui conduit à *Etretat*.

40. — CROISADE MONUMENTALE EN NORMANDIE AU XIIe SIÈCLE. *Rouen. Imprimerie de I.-S. Lefèvre, rue des Carmes, 20.* 1843. In-8°.

Titre impr. ; — Croisade, pp. 3 à 11 ; — Notes, pp. 12 à 16. Il n'y a pas de Faux-titre.

Extr. à 100 exempl. du *Bull. des Travaux de la Soc. lib. d'Emulation de Rouen.* — Réimprimé dans l'*Art en Province.* Tome VII.

41. — ANCIENNES INDUSTRIES DU DÉPARTEMENT DE LA SEINE-INFÉRIEURE. LES SALINES. *Rouen. Imp. de I.-S. Lefevre. s. d.* (1843). In-8°.

Anciennes Industries, pp. 1 à 12 ; — Notes, pp. 13 à 15.

Extr. à 100 exempl. du *Bull. des Travaux de la Soc. lib. d'Emulation de Rouen* — Il n'y a ni Titre ni Faux-titre.

42. — LE SIÈCLE DU MOUVEMENT. *Mém. de la Soc. d'émulat. de Rouen.* 1843. pp. 157 à 171.

43. — L'ETRETAT SOUTERRAIN. Deuxième série. Fouilles de 1843. *Rouen. Imprimé chez Alfred Péron, rue de la Vicomté, 55.* 1844. In-8° avec 1 plan.

Titre impr. ; — L'Etretat Souterrain, pp. 3 à 15. — Il n'y a pas de Faux-titre.

Le plan qui se trouve en regard du Titre a pour légende : *Plan géométrique de la Villa Romaine de Bordeaux. près Etretat.*

Extr. à 100 exempl. de la *Rev. de Rouen.* Janvier 1844. pp. 25 à 37. — Se trouve ordinairement joint au n° 32. — Ces deux Numéros sont *Rares.*

44. — CULTURE DE LA VIGNE EN NORMANDIE. *Rouen. Imprimé chez Alfred Péron, rue de la Vicomté, 55.* 1844. In-8°.

Titre impr. ; — Culture, pp. 1 à 18. Il n'y a pas de Faux-titre.

Extr. à 100 exemplaires de la *Rev. de Rouen*, pp. 338 à 354. Se trouve également dans le *Bullet. de la Soc. libre d'Emulation de Rouen.* 1843. pp. 74 à 94. — *Rare.* — Réimprimé dans les *Anciens Vignobles de la Normandie.* 1866. 1re étude. Voir le n° 295.

45. — CAVEAUX DE LA CHAPELLE DU COLLÈGE ROYAL DE ROUEN. *Rouen. Imp. de A. Péron, rue de la Vicomté, 55.* s. d. (1844). In-8° avec 1 planche.

Faux-titre ; — Caveaux, pp. 1 à 9.

La planche se trouve p. 1. Elle a pour légende : *Caveaux de la Chapelle du Collège Royal de Rouen*, lith. A. Péron.

Extr. à 50 exemplaires de la *Rev. de Rouen*. Novembre 1844. pp. 298 à 306.

Cette Notice a été lue à l'*Académie Royale des Sciences de Rouen*, dans sa séance du 22 novembre 1844.

46. — ESSAI HISTORIQUE ET DESCRIPTIF DE L'ABBAYE ROYALE DE MONTIVILLIERS. *Mém. de la Soc. des Antiq. de Normandie.* Tome XIV. 1844. pp. 24 à 36.

47. — NOTICE HISTORIQUE ET DESCRIPTIVE SUR L'EGLISE NOTRE-DAME DE LILLEBONNE. *Mém. de la Soc. des Antiq. de Normandie.* Tome XIV. 1844. pp. 143 à 151.

48. — VOIES ROMAINES DE L'ARRONDISSEMENT DU HAVRE. *Mém. de la Soc. des Antiq. de Normandie.* Tome XIV. 1844. pp. 150 à 169. La page 150 devrait être chiff. 152 et ainsi de suite.

49. — NOTICE SUR LES RUINES D'UNE VILLA ROMAINE DÉCOUVERTE A BORDEAUX, PRÈS ETRETAT (Seine-Inférieure). *Bullet. Monum.* Tome X. 1844. pp. 160 à 172. plan.

50. — COMPTE-RENDU DE LA NOTICE SUR M. L'ABBÉ MOTTE, curé de la Cathédrale de Rouen, par un de ses anciens Vicaires. *Rev. de Rouen.* 1845. pp. 51 et 52. L'article est signé C....t.

51. — NOTICE HISTORIQUE ET DESCRIPTIVE SUR L'EGLISE DE MOULINEAUX. *Rouen. Imprimerie de A. Péron, successeur de N. Périaux, rue de la Vicomté, 55.* 1845. In-8° avec 1 planche hors texte.

Texte, pp. 1 à 8. La Couverture sert de Titre. Il n'y a pas de Faux-titre. La planche se trouve p. 1. On lit au-dessus : *Eglise de Moulineaux* et au-dessous : *Lith. A. Péron.*

Extr à 50 exemplaires de la *Rev. de Rouen.* Cet article qui n'est pas signé occupe les pages 161 à 168.

On lit dans FRÈRE. *Manuel du Bibliographe Normand.* Quelques exemplaires renferment, coloriée, la planche d'une verrière votive, représentant la Reine Blanche de Castille, accompagnée de son fils et de sa belle-fille, offrant à Dieu une fenêtre de cette église, vers 1240.

52. — NOTICE SUR LES FOUILLES EXÉCUTÉES A NEUVILLE PRÈS DIEPPE EN 1845. *Rouen. Imprimerie de Alfred Péron, rue de la Vicomté, 55.* 1845. In-8° avec 1 planche hors texte.

Fouilles, pp. 1 à 8 ; — Planche ; — Explication de la planche, par M. A. Deville, pp. 9 à 18. Il n'y a pas de Faux-titre ; la Couverture sert de Titre

La planche qui se trouve p. 11, représente les objets trouvés, elle a pour légende : *Fouilles de Neuville-le-Pollet, par A. Déville, lith. A. Péron, Sr de N. Périaux, à Rouen.*

Extr. à 200 exemplaires de la *Rev. de Rouen.* Octobre 1845. pp. 201 à 208. Cette Notice a été reproduite dans le *Bullet. Monum.* Tome XI. 1845. pp. 609 à 615 et dans les *Mém. de la Soc. des Antiq. de Norm.* Tome XVII. pp. 126 à 132.

53. — COMPTE-RENDU DES TTAVAUX DE LA SOCIÉTÉ SAINT-FRANÇOIS-RÉGIS DE ROUEN, pendant l'année 1844. *Rouen. Imp. de H. Rivoire, rue St-Etienne-des-Tonneliers, 1. s. d.* (1845). In-8°.

Faux-titre ; — Compte-Rendu, pp. 3 à 14 ; — Organisation de la Société (Noms des Membres) p. 15.

54. — ETUDE DE VITRAUX EN NORMANDIE. *Art en Province.* Tome VIII. Moulins 1845-1846. pp. 157 à 162.

55. — L'ABBAYE DU VALLASSE. *Rev. de Rouen.* 1846. pp. 265 à 275.

56. — MICHEL BORLÉ, sculpteur diepppois. *Rev. de Rouen*. 1846. pp. 301 à 304 et *Galerie Dieppoise*. 1846 et 1862.

57. — INAUGURATION DU BUSTE DE BOUZARD, nommé le *Brave Homme*, par Louis XVI, sur la Jetée de Dieppe (15 Août 1846), par Michel-Ange Marion. *s. l. n. d.* (Dieppe. A. Levasseur, imprimeur. 1846). In-8°.

Titre impr. ; — Texte, pp. 3 à 16.

Extr. à 1,000 exemplaires de la *Vigie de Dieppe* du 18 août 1846.

58. — SÉPULTURES ANCIENNES TROUVÉES A SAINT-PIERRE-D'EPINAY, dans les travaux du Chemin de Fer de Dieppe. *Rouen. Imp. de A. Péron. s. d.* (1847). In-8° avec 1 planche hors texte.

Faux-titre ; — Planche : — Sépultures, pp. 1 à 18. Il n'y a pas de Titre.

La planche (p. 1) a pour légende : *Vases et Têtes trouvés à Dieppe en 1847.* par Dumée fils, lith. Lith. de A. Péron. Rouen.

Extr. à 60 exemplaires de la *Rev. de Rouen*. Avril 1847. pp. 230 à 242. Ce *Mémoire* a été réimpr. dans les *Bullet. Monum.* Tome XIII. 1847.

59. — NOTICE SUR L'EGLISE PRIEURALE DE SIGY (Arrondissement de Neufchâtel). *Bullet. Monum.* Tome XIII. 1847. pp. 654 à 660 et *Rev. de Rouen*. 1852. Voir les nos 99 et 100.

60. — NOTICE HISTORIQUE SUR L'ANCIENNE ABBAYE DE BELLOSANE. *Précis de l'Académie de Rouen.* 1847. pp. 327 à 336.

Cette Abbaye était située près de Gournay-en-Bray (Seine-Inf[re]).

61. — DE L'OGIVE ET DU PLEIN-CINTRE, à propos de deux églises de campagne : l'église d'Osmoy (arr. de Neufchâtel) et l'église de Bures, ancien prieuré de l'abbaye de Fécamp. *Bull. Monum.* Tom. XIII. 1847. pp. 380 à 390.

62. — L'ABBÉ FONTAINE. Notice Biographique. *Rev. de Rouen.* 1848. pp. 39 à 43.

63. — FOUILLES DE LONDINIÈRES EN 1847. *Rouen. Imp. de A. Péron. s. d.* (1848). In-8° avec une planche hors texte.

Faux-titre ; Fouilles, pp. 3 à 27.

La planche (p. 3) représente les objets trouvés dans les fouilles, elle a pour légende ; *Sépultures Mérovingiennes de Londinières*, par A. Deville, lith. A. Péron. Rouen.

Extr. à 100 exemplaires de la *Rev. de Rouen.* Février 1848. pp 67 à 91. Réimpr. dans l'*Art en Province*. Tome IX et dans le *Bullet. Monum.* Tome XIV. 1848.

64. — LE PARC AUX HUITRES D'ETRETAT. *Rev. de Rouen.* 1848. pp. 122 à 124.

65. — PIERRE GRAILLON, sculpteur, né à Dieppe, sa vie racontée par lui-même. *Rev. de Rouen.* 1848. pp. 189 à 198 et 294 à 302, avec un portrait hors texte. On lit comme légende : *Pierre Graillon, sculpteur, né à Dieppe.* — Renouard, del. — Lith. A. Péron à Rouen. — Voir aussi la *Galerie Dieppoise*, n°s 5 et 6.

66. — HISTOIRE DE L'IMPRIMERIE A DIEPPE. *Dieppe. Imprimerie de Levasseur, rue Duquesne, 3.* 1848. In-8°.

Titre impr. ; — Texte, pp. 3 à 44.

Ce travail est extrait en partie du journal : *La Vigie de Dieppe.* Tiré à 100 exemplaires. — *Rarissime.*

67. — NOTICE SUR L'ANCIENNE ABBAYE DU LIEU-DIEU, sur les bords de la Bresle. *Rev. de Rouen.* 1849. pp. 23 à 26 et *Mém. de la Soc. des Antiq. de Picardie.* Tom. IX, pp. 303 à 311.

Cette Abbaye est située près de Gamaches (Somme).

68. — LE MANOIR DES ARCHEVÊQUES DE ROUEN SUR L'ALIHERMONT. *Rouen. Imp. de A. Péron, s. d.* (1849). In-8°.

Le Manoir, pp. 1 à 10. Il n'y a ni Titre ni Faux-titre.

Extrait de la *Rev de Rouen*. Février 1849. pp. 57 à 66. Réimprimé dans le *Bullet. Monum*. Tome XV. 1849.

*L'Aliher*mont (Seine-Infre) est un plateau boisé qui s'étend entre l'*Eaulne* et la *Béthune*, depuis *Arques* jusqu'à *Neufchâtel*.

69. — LE PÈRE CRASSET, jésuite (né à Dieppe.) *Rev. de Rouen*. 1849. pp. 191 à 198 et *Galerie Dieppoise*. 1846 et 1862.

70. — ITINÉRAIRE DE PARIS A LA MER par le chemin de fer de Dieppe. Paris, Rouen, Dieppe. *Dieppe. E. Delevoye, imprimeur-éditeur*. 1849. In-8°, avec 4 lith. hors texte. Il n'y a pas de nom d'auteur.

Prix : 50 cent.

Titre impr. ; — De Paris à Rouen, pp. 3 à 8 ; — Rouen, pp. 9 à 12 ; — Deville, pp. 13 et 14 ; — Maromme, p. 15 ; — Bondeville, p. 16 ; — Malaunay, pp. 17 et 18 — Monville, p. 19 ; — Clères, pp. 20 et 21 ; — Orménil, Lœilly, Etaimpuis, pp. 21 et 22 ; — Saint-Victor-l'Abbaye, pp. 23 et 24 ; — Saint-Maclou-de-Folleville, p. 25 ; — Vassonville, p. 26 ; — Saint-Denis-sur-Scie, p. 27 ; — Auffay, pp. 28 à 32 ; — Heugleville-sur-Scie, pp. 33 et 34 ; — Longueville, pp. 35 à 40 ; — Vaudreville, Dénestanville, Crosville, Anneville, pp. 40 et 41 ; Charlesmesnil, pp. 42 et 43 ; — Sauqueville, pp. 44 à 46 ; — Saint-Aubin-sur-Scie, Appeville, Pourville, pp. 46 à 48 ; — Dieppe, pp. 49 à 64 ; — Divers renseignements. Bains de mer, Chemin de Fer, etc., etc. pp. 65 à 91 ; — la Table se trouve au verso de ce dernier feuillet.

INDICATION DES LITHOGRAPHIES (non signées)

1° (p. 19). Auffay.
2° (p. 34). Château de Longueville.
3° (p. 67). Port de Dieppe.
4° (p. 82). Hôtel de la Reine Victoria.

Tiré à 1,000 exemplaires.

71. — NOTICE SUR UN CIMETIÈRE ROMAIN DÉCOUVERT EN NORMANDIE EN 1849. *Rouen. Imprimerie de Alfred Péron, rue de la Vicomté, 55.* 1849. Avec une planche hors texte.

Titre impr. ; — Notice, pp. 3 à 43 ; — Légende de la planche, pp. 45 et 46.

Planche (p. 46). *Plan de la Propriété de MM. Souday frères à Cany, dans laquelle a été trouvé un Cimetière Gallo-Romain en 1849*, par Mlle Esther Pottier. Lith. de A. Péron. Rouen.

Extrait à 60 exemplaires de la *Rev. de Rouen.* Juillet, Août et Septembre 1849. Réimpr. dans les *Mém. de la Soc. des Antiq. de Norm.* Tome XVII, pp. 399 à 436.

72. — HONNEURS RENDUS A DIEPPE, AU CÉLÈBRE ARMATEUR JEAN ANGO. LETTRE DE L'ABBÉ COCHET à Monsieur le Président et à Messieurs les Membres de la Chambre de Commerce de Dieppe ; Dieppe le 28 janvier 1849. — Réponse de la Chambre de Commerce ; Dieppe le 4 mars 1849. *Rev. de Rouen.* 1850. pp. 108 à 110.

73. — FOUILLES D'ENVERMEU EN 1850. *s. l. n. d.* (Rouen. Imp. de A. Péron. 1850). In-8° de 8 pp. chiff. avec une planche hors texte.

Il n'y a ni Titre ni Faux-titre.

La planche (p. 1). On lit comme légende : *Vases et Objets antiques trouvés dans les Fouilles du Cimetière Mérovingien d'Envermeu*, en 1850. Mlle Esther Pottier, del. ; Lith. de A. Péron. Rouen.

Extr. de la *Rev. de Rouen* à 50 exemplaires. Juillet 1850. pp. 377 à 383

74. — NOTICE HISTORIQUE ET DESCRIPTIVE SUR L'EGLISE DE VEULETTES. *s. l. n. d.* (Rouen. Imp. de A. Péron. 1850). In-8° de 6 pp. chiff. et 1 f. blanc, avec une lith. hors texte.

(Page 1). On lit comme légende : *Intérieur de l'Eglise de Veulettes.* — Balan, del. Lith. A. Péron Rouen. Il n'y a ni Titre ni Faux-titre.

Extr. de la *Rev. de Rouen* à 50 exemplaires. Août 1850. pp. 393 à 398. — Réimpr. dans le *Bullet. Monum.* Tome XVI. 1850. pp. 516 à 522.

75. — NOUVEAU VITRAIL A L'EGLISE SAINT-RÉMY DE DIEPPE. *Rev. de Rouen*. 1850. pp. 443 à 447.

76. — TOMBEAU EN PIERRE TROUVÉ DANS LE GRAND-VAL, PRÈS ETRETAT. *Rev. de Rouen*. 1850. pp. 504 et 505.

77. — TOMBEAUX EN PIERRE TROUVÉS A PAVILLY. *Rev. de Rouen*. 1850. pp. 653 et 654.

78. — INSCRIPTION TROUVÉE A DIEPPE, DANS LES DÉMOLITIONS DE L'EGLISE DES CARMES. *Rev. de Rouen.* 1850. pp. 656 et 657.

79. — ETRETAT, son passé, son présent, son avenir. *Dieppe. Imprimerie d'Emile Delevoye, rue Duquesne, 3.* 1850. In-8° avec une lithog.

Titre impr. ; — Préface, pp. 3 et 4 ; — Etretat, pp. 5 à 84 ; et 2 ff. non chiff. ; un pour la Table des Chapitres ; — l'autre pour la Bibliographie. *Ouvrages où il est question d'Etretat.*

La lithogr. se trouve en regard du Titre : *Etretat*, par Vivant Beaucé, lith. ; *Lith. Em. Delevoye, Dieppe.* — Voir un *Compte-Rendu* par Léon Daudré, dans le *Phare du Havre* du 25 janvier 1851.

80. — *Dito.* — Seconde édition, revue et augmentée de 4 lithog. *Dieppe. Delevoye.* 1853. In-8°.
Prix : 1 fr. 25.

Titre impr. ; — Etretat, pp. 3 à 99 ; et 2 ff. n. chiff. un pour la Table ; l'autre pour la Bibliographie.

INDICATION DES LITHOGRAPHIES :

1° Au Titre : Etretat. Vue générale, par L. Champion. Lith. Em. Delevoye, à Dieppe.
2° (p. 19) : Etretat. Vases et Armes du Cimetière Franc de la Côte du Mont. Lith. Em. Delevoye, à Dieppe.
3° (p. 75) : Etretat. Vue prise du Rivage. Lith. Em. Delevoye, à Dieppe.
4° (p. 91) : Vue prise de la Grotte du Trou à l'Homme. Lith. Em. Delevoye, à Dieppe.

Voir un *Compte-Rendu* de cet Ouvrage par l'abbé J. C. lisez E. Decorde dans la *Vigie de Dieppe* du 16 août 1853, et par G. Labottière aîné, dans le *Courrier du Havre* du 15 septembre 1853.

81. — ETRETAT, etc. Troisième édition. *(Le Titre change)* : ETRETAT, son passé, son présent, son avenir. Archéologie. — Histoire. — Légendes. — Monuments. — Rochers. — Bains de mer, revue, augmentée et ornée de 4 lithog. et de 28 gravures sur bois. *Dieppe. Delevoye.* 1857. In-8°.

Prix : 1 fr. 50.

Titre imp. ; — Table des Chapitres, 1 f. n. chiff. ; — Bibliographie, pp. 5 et 6 ; — Préface, pp. 7 et 8 ; — Etretat, pp. 9 à 131 ; — Table des Matières, pp. 133 à 136.

INDICATION DES LITHOGRAPHIES :

1° Au Titre : Etretat. Vue générale. (La même qu'à l'édition précédente).

2° (p. 105) : Etretat. Vue de l'Aiguille et de la Porte d'Aval.— Prise de la Plage. (La légende est changée, mais la lithog. est la même).

3° (p. 109) : Etretat. Vue de l'Aiguille et de la Porte d'Aval. Prise du Petit-Port.

4° (p. 123) : Etretat. Vue de la Porte d'Amont. — Prise du Rivage.

82. — *Dito.* — Quatrième édition, revue augmentée et ornée de 2 lithogr. et de 50 gravures sur bois. Dieppe. Delevoye. 1862. In-8° avec le portrait de l'auteur gravé sur bois.

Prix : 2 fr.

Titre impr. ; — Bibliographie, pp. 5 et 6 ; — Préface, pp. 7 et 8 ; — Etretat, pp. 9 à 166 ; — Table des Chapitres, p. 167 ; — Table des Matières, pp. 168 à 172.

INDICATION DES PLANCHES :

1° Au Titre : Port. de M. l'abbé Cochet, inspecteur des Monuments historiques et religieux de la Seine-Inférieure, grav. par Carbonneau.
2° (p. 9) : Etretat et ses Environs.
3° (p. 128) : Vue de la Porte d'Amont. — Prise du Rivage. (La même qu'à l'édition précédente, mais on a supprimé le marin qui est dans un canot).
4° (p. 136) : Vue de l'Aiguille et de la Porte d'Aval. — Prise de la Plage. (Le canot qui existait a été supprimé).

83. — ETRETAT. Cinquième édition, revue, augmentée et ornée de 2 lithogr. et de 50 gravures sur bois. *Dieppe. Delevoye.* 1869. In-8° avec le portr. de l'auteur.
Prix : 2 fr.

Titre impr. ; — Préface, 1 f. n. chiff. ; — Etretat, pp. 9 à 155 ; — Table des Chapitres, 1 f. n. chiff. ; — Table des Matières, pp. 159 à 163 ; — Bibliographie, pp. 165 et 166.

INDICATION DES PLANCHES :

1° Au Titre. (Portrait) M. l'abbé Cochet, directeur du Musée d'Antiquités de Rouen, inspecteur des Monuments historiques et religieux de la Seine-Infre, grav. par Carbonneau.
2° (p. 125) : Vue de l'Aiguille et de la Porte d'Aval. — Prise de la Plage. (A droite, il y a un navire à voiles ; à gauche, un ballon).
3° (p. 136) : Vue de la Porte d'Amont — Prise du Rivage. (A gauche, il y a un bateau à vapeur).

84. — BIBLIOGRAPHIE NORMANDE. M. L'ABBÉ COCHET. Liste de ses Ouvrages. *s. l. n. d.* (Dieppe. Imp. de Levasseur. 1850). In-8° de 8 pp. chiff.

Sans Titre ni Faux-titre. — *Très rare.*

85. — RAPPORT A M. LE PRÉFET DE LA SEINE-INFÉRIEURE sur les Fouilles de Londinières en 1850. *Rev. de Rouen.* 1851. pp. 62 à 64. Réimpr. dans la *Revue Archéologique* sous le Titre de : *Notice sur le Cimetière Mérovingien de Londinières* (S^ne^-Inf.) *exploré en Octobre 1850.* Tome VIII. 1851. pp. 200 à 202.

86. — NOTICE HISTORIQUE ET DESCRIPTIVE SUR L'EGLISE COLLÉGIALE DE St-HILDEVERT DE GOURNAY-EN-BRAY. *Rouen. Imprimerie de Alfred Péron, rue de la Vicomté, 55.* 1851. In-8° avec 32 grav. sur bois dont une hors texte.

Notice, pp. 3 à 32.

La grav. hors texte se trouve au commencement de la brochure et représente : *Vue Générale de Gournay.* Il n'y a pas de Faux-titre. La couverture sert de Titre.

Extr. à 250 exemplaires de la *Rev. de Rouen.* 1851. pp. 99 à 128.

Les gravures sur bois ont été empruntées à l'ouvrage de M. Daniel Gurney, intitulé : *The Records of the house of Gournay.* 1848. In-4°.

87. — COMPTE-RENDU DE L'OUVRAGE DE M. L'ABBÉ LECOMTE sur les Eglises et le Clergé du Havre. *Dieppe. Imprimerie de Levasseur, rue Duquesne.* 1851. In-8°.

Titre impr. ; — Texte, pp. 3 à 16.

88. — Messire de Clieu. Les Eglises et le Clergé du Havre-de-Grâce par M. l'abbé Lecomte. *Compte-Rendu de cet Ouvrage.* s. l. n. d. (Rouen. Imp. de A. Péron. 1851). In-8° de 16 pp. chiff.

Il n'y a ni Titre ni Faux-titre.

Extrait de la *Rev. de Rouen*. Mai, juin 1851. pp. 264 à 279.

89. — Essais historiques et archéologiques sur les cantons de Neufchâtel, Blangy et Londinières. *s. l. n. d.* (Neufchâtel. Imprimerie de Ernest Duval, rue du Trot-Marot. 1851). In-8° de 8 pp. chiff.

Il n'y a ni Titre ni Faux-titre. — Compte-Rendu de cet Ouvrage.

Paru aussi dans la *Rev. de Rouen*, sous le titre de : *Compte-Rendu de l'Ouvrage de M. l'Abbé Decorde. Essais Historiques et Archéologiques*, etc., etc. 1851. pp. 181 à 187.

90. — Travaux de Restauration exécutés a nos monuments historiques. (Saint-Ouen de Rouen, Saint-Jacques à Dieppe, Chapelle de la Sainte-Vierge à l'abbaye de Fécamp). *Rev. de Rouen.* 1851. pp. 280 à 282.

91. — L'abbé Lebeuf, père de l'Archéologie monumentale. Lettre à M. A. de Caumont. *Rev. de Rouen.* 1851. pp. 285 et 286.

Cette lettre est parue aussi dans la *Rev. Archéologique*. 1851. pp. 381 et 382.

92. — Rapport sur les Fouilles du bois des Loges. (Canton de Fécamp, arrondissement du Havre, faites en août 1851). *Rouen. Imp. A. Péron. s. d.* (1851). In-8° avec une lithog.

Rapport, pp. 1 à 10. Il n'y a ni Titre ni Faux-titre.

La lith. se trouve en tête de la brochure, elle a pour légende : *Vases Romains du Cimetière du Bois des Loges près Fécamp* (Seine-Infre), par Mlle Esther Pottier. Lith. A. Péron, Rouen.

Extr. de la *Rev. de Rouen.* Septembre, octobre 1851. pp. 385 à 394. — Tiré à 50 exemplaires. — Reproduit dans le *Bullet. Monum.* Tome XVIII. 1852. pp. 5 à 16 et dans les *Mém. de la Soc. des Antiq. de Normandie.* Tome XIX. 1852. pp. 303 à 311.

93. — Sur un Vitrail neuf de l'Eglise Saint-Jacques de Dieppe. *Rev. de Rouen.* 1851. pp. 558 à 562.

94. — Du Sel, des Salines et de la Mer dans le pays de Caux. *Dieppe. Imp. de Levasseur. s. d.* (1852). In-8°.

Texte, pp. 1 à 8. Il n'y a ni Titre ni Faux-titre.

Ces articles ont d'abord paru dans la *Vigie de Dieppe* les 12 et 16 décembre 1851 et aussi dans la *Rev. de Rouen.* 1852. pp. 5 à 18. — Tiré à 500 exemplaires.

95. — Des Salines et de l'action de la mer sur les cotes de la Haute-Normandie. *Mém. de la Soc. des Antiq. de Norm.* Tome XIX. 1852. pp. 255 à 267.

96. — NOTICE SUR L'EGLISE NOTRE-DAME DE CAUDEBEC. *Mém. de la Soc. des Antiq. de Normandie.* Tome XIX. 1852. pp. 1 à 36, avec une planche hors texte. On lit comme légende : *Eglise de Caudebec* (côté sud). Polyclès Langlois, sculp. Lith. Péron succ. de Nicétas Périaux.

97. — NOTICE HISTORIQUE ET DESCRIPTIVE SUR L'EGLISE D'OISSEL, Département de la Seine-Inférieure, Arrondissement de Rouen. *s. l. n. d.* (Elbeuf. Imprimerie de Levasseur, rue St-Jean, 98. 1852). In-8° de 4 pp. chiff.

Sans Titre ni Faux-titre.

98. — NOTE SUR CINQ MONNAIES D'OR, trouvées dans le Cimetière Mérovingien de Lucy, près Neufchâtel, en 1851. *s. l. n. d.* (Rouen. Imp. A. Péron. 1852). In-8° de 8 pp. chiff. avec une planche hors texte.

La planche (p. 1) représente les *cinq Monnaies d'or et une Boucle.* L. Champion, dél. et lith. Lith. Em. Delevoye, à Dieppe.

Extr. de la *Rev. de Rouen.* Avril 1852. pp. 213 à 220. — Tiré à 100 exemplaires. — *Rare.* — Réimp. dans les *Mém. de la Soc. des Antiq. de Norm.* Tome XIX. 1852. pp. 477 à 482 ; dans le *Bullet. Monum.* Tome XVIII. 1852. pp. 268 à 275 ; dans la *Rev. Archéologique.* 1852. pp. 747 à 752. Voir aussi dans cette Revue : *Lettre à M. l'Editeur de la Rev. Archéologique au sujet de cinq pièces de Monnaies Mérovingiennes trouvées dans le Cimetière de Lucy.* 1856. pp. 558 et 559.

Lucy est un village du Pays de Bray, situé à 6 kil. de Neufchâtel et de Londinières dans la vallée de l'Eaulne.

99. — NOTICE HISTORIQUE ET DESCRIPTIVE SUR L'EGLISE PRIEURALE DE SIGY (arrondissement de Neufchâtel). *s. l. n. d.* (Rouen. Imp. de A. Péron. 1852). In-8° de 7 pp. chiff. avec 2 grav. dans le texte.

Sans Titre ni Faux-titre.

Extrait de la *Rev. de Rouen.* Juin 1852, pp. 317 à 323. — Tiré à 50 exemplaires. — *Rare.*

100. — *Dito.* — *s. l. n. d.* (Dieppe. Em. Delevoye, imprimeur. 1854). In-8° de 8 pp. chiff.

Sans Titre ni Faux-titre.

Les gravures sont les mêmes que dans l'édition précédente. — Tiré à 200 exemplaires.

101. — *Dito.* — Troisième édition. *Rouen. Imprimerie Nouvelle. Paul Leprêtre, 75, rue de la Vicomté, 75.* 1890. in-8° de 8 pp. chiff.

Sans Titre ni Faux-titre. La Couverture sert de Titre.

Cette édition qui se vendait au profit de la restauration de l'Eglise a été rééditée par l'abbé A. Tougard. Elle est pareille au n° précédent.

102. — EXPLORATION ARCHÉOLOGIQUE DANS LA VALLÉE DE L'EAULNE. *Rev. de Rouen.* 1852. pp. 619 à 621.

103. — INSCRIPTION COMMÉMORATIVE A JEAN DE BÉTHENCOURT, ROI DES CANARIES, DANS L'EGLISE DE GRAINVILLE-LA-TEINTURIÈRE. *Rev. de Rouen.* 1852. pp. 651 à 655.

J. de Béthencourt fut inhumé dans le chœur de cette Eglise en 1425.

104. — NOTICE HISTORIQUE SUR L'EGLISE DE BURES (arrondissement de Neufchâtel). *Neufchâtel. Duval.* 1853. in-8° de 4 pp.

Malgré toutes mes recherches je n'ai pu me procurer cette Notice. — *Très rare.*

105. — NOTICE SUR L'ORGUE DE SAINT-MACLOU DE ROUEN et sur l'escalier qui y conduit. *Bull. Monum.* Tom. XIX. 1853. pp. 384 à 389.

106. — ANTIQUITÉS ROMAINES DÉCOUVERTES A LILLEBONNE. *Bull. Monum.* Tom. XIX. 1853. pp. 414 à 424.

107. — DES SÉPULTURES ROMAINES ET DES SÉPULTURES MÉROVINGIENNES. *Mém. de la Soc. des Antiq. de Norm.* Tom. XX. (1853-1855). pp. 222 à 230.

Réimpr. dans le *Précis des Travaux de l'Acad. de Rouen.* 1853. pp. 369 à 387 et dans le *Bullet. Monum.* Tome XIX. 1853. pp. 462 à 479.

Par *Sépultures Romaines*, l'auteur entend celles des trois premiers siècles de notre ère, et par *Sépultures Mérovingiennes*, celles qui eurent lieu depuis Clovis jusqu'à Charlemagne.

108. — NOTICE HISTORIQUE ET ARCHÉOLOGIQUE SUR L'EGLISE ET L'ABBAYE DE SAINT-SAENS (Seine-Inférieure). *Mém. de la Soc. des Antiq. de Norm.* Tom. XX. 1853-1855. pp. 442 à 457.

109. — PROCÈS-VERBAL JOURNALIER DE L'EXPLORATION ARCHÉOLOGIQUE DU CIMETIÈRE MÉROVINGIEN D'ENVERMEU (Seine-Inférieure), en septembre 1854. *Mém. de la Soc. des Antiq. de Norm.* Tom. XX. 1853 à 1855. pp. 496 à 508. Grav. dans le texte.

ETRETAT. *Seconde édition.* 1853. Voir le n° 80.

110. — NOUVEAU GUIDE DU BAIGNEUR DANS DIEPPE et ses environs pour 1853. *Dieppe. E. Delevoye, imprimeur-éditeur.* 1853. In-18 orné de 7 lith.

Prix : 1 fr.

Faux-titre ; — Titre impr. ; — Paris à Rouen, pp. 1 à 6 ; — Rouen, pp. 7 à 10 ; — Deville, pp. 11 et 12 ; — Maromme, p. 13 ; — Bondeville, p. 14 ; — Malaunay, pp. 15 et 16 ; — Monville. p. 17 ; — Clères, pp. 18 et 19 ; — Orménil, Lœilly, Etaimpuis, pp. 20 et 21 ; — Saint-Victor-l'Abbaye, pp. 22 et 23 ; — Saint-Maclou-de-Folleville, p. 24 ; — Vassonville, pp. 25 et 26 ; — Saint-Denis-sur-Scie, pp. 33 et 34 ; — Longueville, pp. 35 à 40 ; — Vaudreville, Dénestanville, Crosville, Anneville, p. 41 ; — Charlesmesnil, pp. 42 et 43 ; — Sauqueville, pp. 44 à 46 ; — Saint-Aubin-sur-Scie, Appeville-le-Petit, Pourville, pp. 47 à 49 ; — Dieppe, pp. 51 à 65 ; — Promenades aux environs de Dieppe, pp. 67 à 103 ; — Les Bains, la Plage, etc., pp. 105 à 112 ; — De Paris à la mer de Dieppe, par Jules Lecomte (extr. de l'*Indépendance Belge*), pp. 113 à 128 ; — La Mi-Aoust, Conseils médicaux aux Baigneurs, Marées, Bains, Théâtre, etc., etc., pp. 129 à 189 ; — Table des Matières, pp. 191 et 192.

INDICATION DES LITHOGRAPHIES :

1° (Au Titre) : Vue des Bains de mer de Dieppe.
2° (p. 32) : Auffay.
3° (p. 40) : Ruines du Château de Longueville.
4° (p. 56) : Port de Dieppe.
5° (p. 72) : Eglise d'Arques.
6° (p. 112) : Eglise Saint-Jacques.
7° (p. 176) : Gare du Chemin de Fer de Dieppe.

Toutes les lith. sont de L. Champion, imp. par E. Delevoye.

Les trois premières éditions ne portent pas le nom de l'Auteur.

111. — *Dito.* — Deuxième édition. Dieppe. E. Delevoye, imprimeur-éditeur. 1854. In-16 orné de 9 lith. Prix : 1 fr. 50.

Cette seconde Edition se vendait au profit du Bureau de Bienfaisance.

Faux-titre ; — Titre impr. ; — Texte, pp. 5 à 228 ; — Table des Matières, pp. 229 à 231. Cette édition est augmentée des fouilles faites à Arques, Envermeu, Saint-Aubin-sur-Scie et Ouville-la-Rivière.

INDICATION DES LITHOGRAPHIES :

1° (Au Titre) : Vue des Bains de mer de Dieppe.
2° (p. 52) : Ruines du Château de Longueville.
3° (pp. 116) : Le Manoir d'Ango à Varengeville.
4° (p. 148) : Eglises du Bourg-Dun.
5° (p. 164) : Eglise d'Arques.
6° (p. 172) : Le Château de Dieppe.
7° (p. 181) : Eglise Saint-Jacques.
8° (p. 196) : Intérieur du Château d'Arques.
9° (p. 208) : Gare du Chemin de Fer de Dieppe.

Toutes les lithogr. sont de L. Champion.

112. — NOUVEAU GUIDE DU BAIGNEUR DANS DIEPPE, etc. Troisième édition. *Le Titre change :* GUIDE DU BAIGNEUR DANS DIEPPE ET SES ENVIRONS. *Dieppe. Librairie-Papeterie A. Marais, 41-43, Grande-Rue. s. d.* (1861). In-16. Prix : 1 fr.

Faux-titre ; — Titre impr. ; — Texte, pp. 5 à 305 ; — Table, pp. 307 et 308.

Dans cette édition, les fouilles sont supprimées, il y a des articles nouveaux : *Martin-Eglise, la Cité de Limes*, etc., etc. Lith. dans le texte, il n'y en a plus que 4 hors texte.

INDICATION DES LITHOGRAPHIES :

1° (p. 100) : Maison Bouzard, démolie en 1856.
2° (p. 142) : Baptistère en pierre du XVe ou XVIe siècle, anciennement dans l'Eglise du Petit-Appeville.
3° (p. 174) : Chapelle de Sainte-Marguerite-du-Dun.
4° (p. 176) : Baptistère de Fontaine-le-Dun.

Guide du Baigneur dans Dieppe, etc. Quatrième édition. Il y en a deux avec des *Titres différents :*

113. — Guide du Baigneur dans Dieppe et ses environs. *Dieppe. A. Marais, libraire-éditeur, 41, Grande-Rue, 41.* MDCCCLXV (1865). In-16.

Prix : 1 fr.

Faux-titre ; — Titre impr. ; — Texte, pp. 1 à 318 ; — Table pp. 319 à 323. Cette nouvelle édition est considérablement augmentée. Il y a de nombreuses lithogr. dans le texte et sept hors texte.

INDICATION DES LITHOGRAPHIES :

1° (p. 30) : Statue de pierre du XIIIe siècle, dite de Guillaume-le-Conquérant, autour du chœur de l'Eglise de Saint-Victor-l'Abbaye.

2° (p. 130) : Eglise du Petit-Appeville en 1850.

3° (p. 131) : Baptistère en pierre du XVe ou du XVIe siècle, anciennement dans l'Eglise du Petit-Appeville.

4° (p. 160) : Chapelle de Sainte-Marguerite-du-Dun.

5° (p. 182) : Croix d'absolution.

6° (p. 184) : Croix de pierre du XIIe siècle, dite de la Moinerie, à Bouteilles.

7° (p. 238) : Cité de Limes ou Camp-de-César à Braquemont, près Dieppe.

114. — Guide du Baigneur dans Dieppe et ses environs. *Dieppe. A. Rainvillé, 52, Grande-Rue, en face la statue de Duquesne. s. d.* (1865). In-16.

Cette édition est pareille au n° précédent, le Titre seul est changé.

NOTICE HISTORIQUE ET DESCRIPTIVE SUR L'EGLISE PRIEURALE DE SIGY. *s. l. n. d.* (Dieppe. Delevoye. 1854). Voir le n° 100.

115. — DÉCOUVERTE D'UN TOMBEAU (franc) EN PIERRE, A OURVILLE-LA-RIVIÈRE (arrondissement de Dieppe) en 1854. *Bull. Monum.* Tom. x. 1854. pp. 331 à 336.

116. — NOTE SUR LE JUBÉ OU PUPITRE DE L'EGLISE SUPPRIMÉE DE SAINT-LAURENT DE ROUEN. (1512-1680). *Bull. Monum.* Tom. x. 1854. pp. 577 à 579.

117. — LE NOUVEAU VITRAIL DU ROSAIRE, A SAINT-JACQUES DE DIEPPE. *Bull. Monum.* Tom. x. 1854. pp. 580 et 581.

118. — NÉCROLOGIE. MADAME D'ETREPAGNY, *s. l. n. d.* (Dieppe. Imprimerie de Levasseur. 1855). In-8° de 4 pp. chiff.

Sans Titre ni Faux-titre.

Extr. de la *Vigie de Dieppe* du 26 janvier 1855.

119. — EPIGRAPHIE DE LA SEINE-INFÉRIEURE, depuis les temps les plus reculés jusqu'au milieu du XIVe siècle.

Paris. Derache, rue du Bouloy, 7. Caen. Typ. de A. Hardel, imprimeur-libraire, rue Froide, 2. 1855. In-8°. Grav.

Titre impr. ; — Texte, pp. 1 à 56.

Extr. à 100 exemplaires du *Bullet. Monum.* Tome XXI. 1855. pp. 281 à 336. — *De toute rareté.*

120. — NOTICE BIOGRAPHIQUE SUR M. NELL DE BRÉAUTÉ, Correspondant de l'Institut (Académie des Sciences), Conseiller général de la Seine-Inférieure, Président du Comice agricole de l'arrondissement de Dieppe, etc. *Dieppe. Imprimerie d'Emile Delevoye, rue Duquesne, 3.* 1855. In-8° avec portrait.

Titre impr. ; — Notice, pp. 3 à 16. Le portrait se trouve au Titre, avec fac-simile de la signature. Imp. par Lemercier, Paris.

Cette *Notice* est d'abord parue dans la *Vigie de Dieppe*, les 27 et 31 juillet et 7 août 1855 ; elle a été réimpr. dans l'*Ann. des 5 Départ. de l'Anc. Norm.* 1856. pp. 593 à 612.

121. — ANTIQUITÉS FRANQUES DÉCOUVERTES A ENVERMEU (S.-Inf.). *Bull. Monum.* Tom. XXI. 1855. pp. 156 à 161.

122. — DÉCOUVERTES DE SÉPULTURES GALLO-ROMAINES (près d'Etretat). *Bull. Monum.* Tom. XXI. 1855. pp. 437 à 489.

123. — Liste alphabétique de tous les noms de Potiers gallo-romains trouvés dans la Seine-Inférieure, avec indication des localités où ils ont été découverts. *Bull. Monum.* Tom. xxi. 1855. pp. 501 à 503.

124. — Peinture murale découverte a Saint-Ouen de Rouen en 1855. *Bull. Monum.* Tom. xxi. 1855. pp. 526 à 536.

125. — Tombeaux Chrétiens de la période anglo-normande, trouvés à Bouteilles, près Dieppe, en 1855. *s. l. n. d.* (Rouen. Imp. de A. Péron. 1855). In-8° de 14 pp. chiff. et 1 f. n. chiff. grav. sur bois dans le texte. — On lit sur ce feuillet : *Extrait du Précis de l'Académie des Sciences, Belles-Lettres et Arts de Rouen, année 1854-55.*

Il n'y a ni Titre ni Faux-titre.

Cette Notice a été réimprimée avec un nouveau Titre : *Sépultures Chrétiennes*, etc., dans les *Mém. de la Soc. des Antiq. de Norm.* Tome XXII. 1856 et dans l'*Archaeologia*. Vol. XXXVI. Il existe un tirage à part de ce dernier. Voir le numéro suivant.

126. — Sépultures Chrétiennes de la période anglo-normande, trouvées à Bouteilles, près Dieppe, en 1855. *London, printed by J.-B. Nichols and sons. 25, Parliament Street.* 1856, in-4° avec 1 pl. hors texte.

Titre impr. ; — Texte, pp. 1 à 9.

La planche en couleur (p. 1). On lit comme légende : *Tombeaux Chrétiens de la Période Anglo-Normande trouvés à Bouteilles près Dieppe*. Edwin Ireland, del. J. Basire sc. — *Published by the Society of Antiquaries of London, 23 April 1856*. — On lit dans le haut : Vol. XXXVI. Plate XXI. p. 266.

Réimpression des *Tombeaux Chrétiens*. Rouen 1855. Voir le *n° précédent*. Les gravures qui sont dans le texte dans l'édition précédente sont reproduites dans celle-ci sur la planche hors texte. Dans cette édition, il y a quelques passages qui ne se trouvent pas dans l'édition précédente. p. 4. A partir de : *Notre savant Chimiste de Rouen, M. Girardin* ; — p. 5. les six premières lignes ; — p. 6. A partir de la dix-huitième ligne : *L'autre Croix ou nous avons pu déchiffrer*, etc., jusqu'à la fin du paragraphe : *Amen*.

Extr. de l'*Archaeologia*. Vol. XXXVI. — *Rare*. Cette Notice existe sous le même Titre dans les *Mém. de la Soc. des Antiq. de Norm*. Tome XXII. 1856 pp. 11 à 20. Grav.

127. — NOTICE SUR DES SÉPULTURES GALLO-ROMAINES DU IIe SIÈCLE de notre ère, découvertes à Saint-Martin-en-Campagne, près Dieppe, en 1856. *Bull. Monum.* Tom. XXII. 1856. pp. 95 à 103.

128. — MÉMOIRE SUR LA COUTUME DE PLACER DES VASES DANS LA SÉPULTURE DE L'HOMME, et spécialement dans les sépultures chrétiennes, depuis le XIe jusqu'au XVIIe siècle. *Bull. Monum.* Tom. XXII. 1856. pp. 329 à 363 et 425 à 446. Grav. dans le texte.

129. — UNE VILLA ROMAINE EN ANGLETERRE (à Lindey-Hall). *Bull. Monum.* Tom. XXII. 1856. pp. 407 à 415.

130. — Pierre tombale trouvée en démolissant le Pont de l'Arche. *Bull. Monum.* Tom. xxii. 1856. p. 510.

131. — Plan d'un recueil d'instructions sur l'archéologie franque. *s. l. n. d.* (Paris. Imprimerie Impériale. Juillet 1856). In-8° de 4 pp. chiff.

Sans Titre ni Faux-titre.

Ce plan qui est de *toute rareté* est un tirage à part du *Bulletin du Comité de la Langue, de l'Histoire et des Arts de la France. Paris. Imprimerie Impériale.* 1866. Tome III. pp. 297 à 301. — Réimprimé dans le *Comité des Travaux Historiques et Scientifiques Paris. Imprimerie Nationale.* 1886. Tome III. pp. 609 à 612.

132. — Croix d'absolution placées sur les morts au Moyen-Age en France et en Angleterre. *Bull. du Comité de la Langue, de l'Histoire et des Arts de la France. Paris. Imprimerie Impériale.* 1856. In-8°. pp. 306 à 324.

133. — Antiquités romaines et Tombeaux francs trouvés a Caudebec-lès-Elbeuf. *Précis de l'Académie de Rouen.* 1856. pp. 269 à 305. grav. sur bois dans le texte.

134. — Pierres tombales trouvées a Leure en 1856. Rapport à M. le Maire du Havre, sur les anciennes sépultures et les pierres tombales trouvées à Leure en 1856,

lors de la reconstruction de l'église Saint-Nicolas. *Havre. Imprimerie Carpentier et Compagnie. rue de la Halle, n° 29.* 1857. In-18.

Titre impr. ; — Rapport, pp. 3 à 16.

Extr. du *Courrier du Havre* du 26 octobre 1857. — *Rare.* — Voir aussi le numéro suivant.

135. — PIERRE TOMBALE, SÉPULTURES ET VASES FUNÉRAIRES DU XIIIe SIÈCLE, trouvés au Havre (section de l'Eure) en novembre 1856. *s. l. n. d.* (Caen. Imp. de A. Hardel. 1857). In-4° de 12 pp. chiff. grav. dans le texte.

Il n'y a pas de Titre.

Extr. du Tome XXII des *Mém. de la Soc. des Antiq. de Norm.* pp. 388 à 398.

Ce Mémoire est paru aussi dans le *Recueil des Publications de la Soc. Hav. d'Et. diverses* sous le Titre : *Note sur une Pierre Tombale et des Vases du XIIIe siècle, trouvés au Havre* (section de l'Eure), en 1856. *Havre.* 1857. pp. 348 à 360, grav. dans le texte. Cette édition diffère très peu de la précédente, les changements dans le texte sont presque insignifiants, les grav. sont les mêmes, sauf une, le troisième vase qui n'a pas été reproduit dans celle-ci. — Réimprimé dans le *Bull. Monum.* 1856. Tome XXII.

136. — CIMETIÈRE FRANC DÉCOUVERT A MARTOT, commune de Criquebeuf-sur-Seine, canton de Pont-de-l'Arche. s. l. n. d. (Evreux. A. Hérissey. Imp. de la Société. 1857). In-8°. grav. dans le texte.

Faux-titre ; — Texte, pp. 3 à 12.

Extr. du *Recueil de la Société libre de l'Eure*, 3e série. Tome IV.

137. — Note sur le commerce et l'industrie du plomb dans la Gaule et la Grande-Bretagne a l'epoque romaine. *Revue Archéologique.* 1857. XIIIe année. pp. 548 à 550.

138. — Note sur la Sépulture d'un jeune guerrier franc, découverte à Envermeu (Seine-Inférieure) le 10 septembre 1856. *s. l. n. d.* (Rouen. Imp. de A. Péron. 1857). In-8° de 19 pp. chiff. grav. dans le texte.

Il n'y a ni Titre ni Faux-titre.

Extr. du *Précis de l'Académie de Rouen.* 1856/1857. — *Rare.* — Voir le n° suivant.

139. — Notes on the Interment of a young Frankish Warrior, discovered at Envermeu, Seine-Inférieure, on September 10, 1856, by the Abbé Cochet. *Translated, and followed by some Remarks upon the Abbé's Notes, by W. M. Wylie, Esq.* F. S. A. *In a Letter addressed to J. Y. Akerman, Esq. Secretary. Archaeologia.* Tom. XXXVII. 1857. pp. 102 à 112. avec 1 planche coloriée hors texte. On lit au-dessous : *Merovingian Remains from the Cemetery of Envermeu. Published by the Society of Antiquaries of London.* April 23. 1857. B. Wilmer, del. J. Basire sc.

Il en a été fait un tirage à part à 25 exemplaires. — *Très rare.*

140. — NOTE SUR DES SÉPULTURES ANGLO-NORMANDES, TROUVÉES A BOUTEILLES. PRÈS DIEPPE, EN MARS 1856. *Mém. de la Soc. des Antiq. de Norm.* Tom. XXII. 1856. pp. 129 à 136. Voir aussi le n° suivant.

141. — NOTE SUR DES SÉPULTURES ANGLO-NORMANDES, TROUVÉES A BOUTEILLES, PRÈS DIEPPE, EN MARS 1856. *s. l. n. d.* (Londres. 1857). In-4° de 7 pp. chiff. grav. dans le texte.

Il n'y a ni Titre ni Faux-titre.

Tirage à part de l'*Archaeologia*. Vol. XXXVII. 1857. pp. 32 à 38. *Très rare.*— *Biblioth. Nationale* L. j. 9. 1430. Supplément.

ETRETAT, etc. *Dieppe. Delevoye.* 1857. Voir le n° 81.

142. — SÉPULTURES CHRÉTIENNES DE LA PÉRIODE ANGLO-NORMANDE, TROUVÉES A BOUTEILLES, PRÈS DIEPPE, EN 1857. *London, printed by J. B. Nichols and sons, Parliament street.* 1858. In-4° avec 1 planche coloriée hors texte.

Titre impr. ; — Texte, pp. 1 à 25.

Indication de la planche (p. 20). On lit au-dessous : *Vases funéraires des XII, XIII et XIVe siècles trouvés dans le Cimetière Chrétien de Bouteilles près Dieppe en Avril 1857.* — Dessiné et publié d'après les vases originaux. — A. Féret. — J. Basire sculp. — *Published by the Society of Antiquaries of London*, 23 april 1858. — *Dans le haut à droite* : Vol. XXXVII. Plate XI. p. 417.

Extr. à 25 exemplaires de l'*Archaeologia*. Vol. XXXVII. 1857. pp. 399 à 423. *Très rare.*

143. — DE LA COUTUME D'INHUMER LES HOMMES DANS DES TONNEAUX EN TERRE-CUITE à propos d'un dolium romain trouvé en Normandie. *Rev. Archéologique*. 1858. pp. 608 à 619.

Il en a été fait un tirage à part à 12 exemplaires. — *Très rare.*

144. — UN CIMETIÈRE DE LÉPREUX AU XVIIIe SIÈCLE. *Rev. de l'Art Chrétien*. 1858. pp. 417 à 423.

145. — DÉCOUVERTE ET EXPLORATION D'UN CIMETIÈRE GALLO-ROMAIN A BARENTIN, PRÈS ROUEN. *Rev. Archéologique*. 1858. pp. 314 à 316.

Réimpr. dans le *Bull. de la Soc. d'Archéologie et d'Histoire de la Moselle*. Metz 1858, avec ce nouveau Titre : *Sur les Sépultures gallo-romaines découvertes à Barentin*, pp. 50 à 52.

146. — BOUTEILLES. Son importance et son rôle au Moyen-Age. *s. l. n. d.* (Dieppe. Emile Delevoye, imprimeur. 1859). In-8° de 8 pp. non chiff.

Il n'y a ni Titre ni Faux-titre. — *Très rare.*

147. — DISCOURS DE M. L'ABBÉ COCHET, comme directeur de la Société, lu (par M. Charma) dans la séance publique du 25 novembre 1858. *Mém. de la Soc. des Antiq. de Norm.* Tom. XXIV. 1859. pp. V à XII.

148. — NOTICE SUR LES ANCIENNES SÉPULTURES ET LES PIERRES TOMBALES TROUVÉES A LEURE EN 1856 ET 1857, lors de la reconstruction de l'Eglise Saint-Nicolas. Rapport à M. le Maire du Havre. *Mém. de la Soc. des Antiq. de Norm.* Tom. XXIV. 1859. pp. 1 à 14. grav. dans le texte.

149. — NOTE SUR LES RESTES D'UN PALAIS DE CHARLES-LE-CHAUVE (861-869), retrouvés à Pitres, canton du Pont-de-l'Arche, arrond. de Louviers (Eure), en 1854, 1855 et 1856. *Mém. de la Soc. des Antiq. de Norm.* Tom. XXIV. pp. 156 à 165. — Deuxième partie. UNE NOUVELLE VISITE A PITRES, pp. 398 à 402. Même volume.

150. — UNE NOUVELLE VISITE A PITRES. Voir le nº précédent.

151. — VOIES ROMAINES DE LA SEINE-INFÉRIEURE. *Mém. de la Soc. des Antiq. de Norm.* Tom. XXIV. 1859. pp. 313 à 362, avec 1 Carte hors texte.

La Carte (p. 313). *Carte Archéologique du Département de la Seine-Inférieure aux Epoques Gauloise, Romaine et Franque* publiée par les soins de M. l'ABBÉ COCHET ✠, *Inspecteur des Monuments historiques de la Seine-Inf^re*, et dressée par F.-N. LEROY, *Instituteur supr à Cany, Membre de la Société des Antiquaires de Normandie, Membre de la Société Française d'Archéolie pour la Conservation des Monuments historiques.* 1859. — On lit au-dessous : *Dessiné par F.-N. Leroy. — Lith. A. Péron.* Rouen. *Cany 18 mars 1856.*

152. — DIVISIONS TERRITORIALES DE LA SEINE-INFÉRIEURE AUX EPOQUES GAULOISE, ROMAINE ET FRANQUE. *Mém. de la Soc. des Antiq. de Norm.* Tom. XXIV. 1859. pp. 637 à 661. grav. dans le texte.

153. — SÉPULTURES CHRÉTIENNES DE LA PÉRIODE ANGLO-NORMANDE, trouvées à Bouteilles, près Dieppe, en 1857. *Paris. Derache, rue du Bouloy, 7. — Caen, chez A. Hardel, imprimeur-libraire, rue Froide, 2.* 1859. In-8°. grav. dans le texte.

Titre impr. ; — Sépultures Chrétiennes, pp. 3 à 69 ; et 1 f. blanc.

Extr. à 50 exemplaires du *Bull. Monum.* Tome XXV. 1859. — *Rare.*

154. — NOTE SUR LES FOUILLES EXÉCUTÉES A LA MADELEINE DE BERNAY (Normandie) en février 1858. *London, printed by J. B. Nichols and sons, 25, Parliament street.* 1859. In-4°.

Titre impr. ; — Texte, pp. 1 à 11.

Extr. à 25 exemplaires de l'*Archaeologia.* Vol. XXXVIII. pp. 68 à 76. — *Très rare.* — *Bibliothèque Nationale.* L. j. 9. 2379.

155. — NOTE SUR QUELQUES CHAPITEAUX MÉROVINGIENS. *s. l. n. d.* (Amiens. 1859). In-8° de 4 pp. chiff. grav.

Extr. de la *Rev. de l'Art Chrétien.* — Tiré à 30 exemplaires. — *Très rare.*

156. — NOTE SUR L'ARCHITECTURE MÉROVINGIENNE OU GALLO-FRANQUE. *s. l. n. d.* (Dieppe. Emile Delevoye, imprimeur. 1859). In-8° de 4 pp. chiff. grav.

Tiré à 50 exemplaires. — *Très rare.*

157. — M. AUGUSTE LEPREVOST. (Notice nécrologique). *s. l. n. d.* (Rouen. Imp. E. Cagniard. 1859). In-18 de 4 pp. chiff. — *Très rare.*

Cette Notice a été réimprimée en 1860. Voir le n° 165.

158. — DÉCOUVERTE ET EXPLORATION D'UN CIMETIÈRE GALLO-ROMAIN A BEAUBEC-LA-ROSIÈRE (arrondissement de Neufchâtel). *Rev. Archéologique.* 1860. pp. 711 à 715.

159. — RÉFLEXION SUR L'OPINION POPULAIRE QUE DES VASES POUSSENT NATURELLEMENT EN TERRE. *Rev. Archéologique.* 1860. 1er vol. Nouvelle série. pp. 395 à 398. grav.

160. — DÉCOUVERTES (romaines et franques) FAITES EN 1859 ET 1860 dans le département de la Seine-Inférieure. *Bull. Monum.* Tom. XXVI. 1860. pp. 804 à 809.

161. — DE QUELQUES PARTICULARITÉS RELATIVES A LA SÉPULTURE CHRÉTIENNE DU MOYEN-AGE. — Inhumation

dans le parvis des Eglises. — Bâtons sur les Morts. — Orientation des Ecclésiastiques. — Paille dans les Cercueils. *Rev. de l'Art Chrétien.* 1860. pp. 428 à 448.

162. — HACHETTES DILUVIENNES DU BASSIN DE LA SOMME. Rapport adressé à M. le Sénateur Préfet de la Seine-Inférieure. *Paris. A. Aubry, rue Dauphine. 16 ; Derache, rue du Bouloy, 7 ; Didron, rue Saint-Dominique-Saint-Germain, 23. — Rouen. A. Lebrument, quai Napoléon, 55. — Dieppe. Marais, Grande-Rue, 41. — Londres. J.-H. et J. Parker, Strand, 377.* (Abbeville, typ. P. Briez). 1860. In-8°.

Titre impr. ; — Rapport, pp. 1 à 17.

Extr. des *Mém. de la Soc. Impér. d'Emulat d'Abbeville.* 1858/1861. pp. 607 à 623. — Tiré à 500 exemplaires.

163. — INAUGURATION ET BÉNÉDICTION DU NOUVEL HOSPICE DE DIEPPE ET DE SA CHAPELLE. Faite le 6 décembre 1860, par S. G. Mgr de Bonnechose, Archevêque de Rouen. *Dieppe. Emile Delevoye, imprimeur, rue des Tribunaux, 7.* 1860. In-16.

Titre impr. ; — Inauguration, pp. 3 à 18 ; et 1 f. blanc.

Extr. de la *Vigie de Dieppe*, du 7 décembre 1860. — Tiré à 300 exemplaires.

164. — NOTICE NÉCROLOGIQUE ET BIOGRAPHIQUE SUR M. L'ABBÉ P. LANGLOIS, Chanoine honoraire de Rouen et Aumônier de Saint-Joseph. *Rouen. Fleury, libraire, place St-Ouen ; Lebrument, libraire, quai Napoléon. — Dieppe. Marais, libraire. — Yvetot. Delamare. libraire.* 1860. In-8°.

Titre impr. ; — Texte, pp. 3 à 15. — *Rare.*

Cette Brochure se vendait au profit d'un Orphelin. — Cette Notice est d'abord parue dans la *Vigie de Dieppe* le 6 janvier 1860. — Réimpr. la même année. Voir le n° suivant.

165. — NÉCROLOGIE NORMANDE EN 1859. M. l'abbé Langlois. M. Auguste Leprevost. M. Amédée Féret. *Rouen. Fleury, libraire, place St-Ouen ; Lebrument, libraire, quai Napoléon. — Dieppe. Marais, libraire. — Yvetot. Delamare, libraire.* (Dieppe. Emile Delevoye, imprimeur). 1860. In-8°.

Titre impr. ; — M. l'abbé Langlois, pp. 3 à 13 ; — Lettre de M. A. Floquet, pp. 14 et 15 ; — M. Auguste Leprevost, pp. 17 à 20 ; — M. Amédée Feret, pp. 21 à 23.

Tous ces Articles ont d'abord paru dans la *Vigie de Dieppe*, les 6 janvier 1860 ; — 19 juillet 1859 ; — et 22 novembre 1859.
Cette Brochure était vendue au profit d'un Orphelin.

166. — VOIE ROMAINE DE LILLEBONNE A ETRETAT. *Bolbec. Typographie et Lithographie Valin, rue aux Moules.* 1860. In-8° de 4 pp.

Il n'y a ni Titre ni Faux-titre.

Extr. à 60 exemplaires du *Journal de Bolbec* du 17 novembre 1860. — *Très rare.*

167. — QUELQUES PARTICULARITÉS RELATIVES A LA SÉPULTURE CHRÉTIENNE DU MOYEN-AGE. *Paris. Librairie Archéologique de Charles Blériot, 25, rue Bonaparte.* 1860. In-8°. grav.

Faux-titre ; — Titre impr. ; on lit au verso : Arras. Typographie Rousseau-Leroy, rue Saint-Maurice, 26 ; — Texte, pp. 5 à 17 ; — Bibliographie, pp. 18 à 20.

Extr. de la *Rev. de l'Art Chrétien.*

168. — ETRETAT. PROJET DE PORT MILITAIRE. *Bolbec. Typ. Valin. s. d.* (1860). In-4° de 2 pp. chiff.

(Cette édition est imprimée sur deux colonnes. — *Très rare*).

169. — ARCHÉOLOGIE CÉRAMIQUE ET SÉPULCRALE OU l'art de classer les sépultures anciennes à l'aide de la céramique. *Paris. Derache, rue du Bouloi, 7 ; Didron, rue St-Dominique-St-Germain, 23 ; A. Aubry, rue Dauphine, 16. — Rouen. A. Lebrument, quai Napoléon, 55. — Dieppe. Marais, Grande-Rue, 41. — Londres. John et H. Parker, Strand, 377.* (Dieppe. Em. Delevoye, imp.). MDCCCLX (1860). In-4°. grav. et 10 planches hors texte.

Titre impr. ; — Archéologie, pp. 3 à 19.

INDICATION DES PLANCHES (elles se trouvent après la page 19) :

1° Ier Tableau : Vases en terre provenant de sépultures celtiques. (France).
2° IIe » Vases en terre provenant de sépultures romaines. (Normandie-Sussex).

3° IIIe Tableau : Vases en terre et en verre provenant de sépultures romaines. (Normandie).

4° IVe » Vases en terre et en verre provenant de sépultures romaines. (Normandie).

5° Ve » Vases en verre provenant de sépultures romaines. (Normandie).

6° VIe » Vases en terre provenant de sépultures franques et saxonnes.

7° VIIe » Vases en verre provenant de sépultures franques.

8° VIIIe » Vases en terre et en verre provenant de sépultures chrétiennes du Moyen-Age.

9° IXe » Vases en terre provenant de sépultures chrétiennes du Moyen-Age. (Normandie).

10° Xe » Vases en terre provenant de sépultures chrétiennes du Moyen-Age. (Normandie).

Ce mémoire est paru aussi dans les *Mém. de la Soc. des Antiq. de Norm.* sous le titre de : Archéologie Céramique des Sépultures. Tome XXIV. 1859. pp. 283 à 290.

170. — La Seine-Inférieure au temps des Gaulois. *Rouen. Imprimerie de Alfred Péron, rue de la Vicomté, 55.* 1861. In-8°. grav.

Titre impr. ; — Texte, pp. 3 à 24.

Extr. du *Précis de l'Acad. de Rouen.* 1859/1860. pp. 267 à 288.

171. — Souvenir du Mois de Marie. Prière a Notre-Dame. *s. l. n. d.* (Dieppe. Impr. d'Emile Delevoye. 1861). In-64 de 4 pp. n. chiff. sans nom d'auteur. — *Rarissime.*

172. — Notice historique et archéologique sur la ville, l'abbaye et l'eglise du Tréport. *Dieppe, imprimerie d'Emile Delevoye, rue des Tribunaux.* 1861. In-8°.

Faux-titre ; — Titre impr. ; — Notice, pp. 5 à 63 ; — la Table se trouve au verso. — Tiré à 500 exemplaires.

Guide du Baigneur dans Dieppe, etc. *Dieppe. Marais. s. d.* (1861). Voir le n° 112.

173. — Note sur une Sépulture Chrétienne du Moyen-Age, trouvée à Etaples (Pas-de-Calais) en 1861. *Amiens. Typographie de Lenœl-Herouart, rue des Rabuissons, 10. s. d.* (1861). In-8° grav.

Titre impr. ; — Texte, pp. 3 à 16.

Extr. de la *Picardie.* Tome VII. pp. 433 à 447. — Tiré à 100 exemplaires.

174. — La Cité de Limes ou le Camp de César à Braquemont, près Dieppe. *s. l. n. d.* (Amiens. Imp. de Lenœl-Herouart. 1861). In-8° de 15 pp. chiff. grav.

Il n'y a ni Titre ni Faux-titre.

Extr. de la *Picardie.* Tome VII. pp. 241 à 255. — Tiré à 100 exemplaires.

175. — La Seine-Inférieure au temps des Romains. *Rouen. Imprimerie de Hv Boissel, succr de A. Péron, rue de la Vicomté, 55.* 1861. In-8° avec grav. et une planche hors texte.

Titre impr. ; — Texte, 3 à 17 et 1 f. blanc.

La planche (p. 4). On lit au recto : *Plan de Rouen sous les Ducs de Normandie aux Xe et XIe siècles* ; — au verso : *Légende du Plan de la Ville de Rouen.*

Extr. du *Précis de l'Académie de Rouen.* 1860/1861. pp. 259 à 273. — Tiré à 100 exemplaires.

176. — ANTE-DILUVIAN HATCHETS AND PRIMITIVE INDUSTRY. *Gentleman's Magazine.* 1861. pp. 253 à 266.

Il en a été fait un tirage à part à 12 exemplaires. — *Très rare.*

Voir aussi à ce sujet la lettre de l'ABBÉ COCHET, datée de *Dieppe, le 6 Octobre 1860* et adressée à M. CHARMA, *secrétaire de la Société des Antiquaires de Normandie*, pp. 74 et 75. Même année. Même Recueil.

177. — NOTE ON A CHRISTIAN GRAVE OF THE MIDDLE AGES, FOUND AT ETAPLES IN 1861. *s. l. n. d.* (Londres. 1861). In-8° de 6 pp. chiff. grav.

Extr. du *Gentleman's Magazine.* pp. 489 à 494. Tiré à 50 exemplaires. — *Très rare.*

178. — UNE VISITE AUX SABLIÈRES DE SAINT-ACHEUL. *Bull. Monum.* Tom. XXVII. 1861. pp. 65 à 72.

179. — L'ANGON DES FRANCS. *Bull. Monum.* Tom. XXVII. 1861. pp. 208 à 236.

180. — ANTIQUITÉS FRANQUES TROUVÉES EN 1861, à Saint-Pierre-du-Vauvray, près Louviers (Eure). *Bull. Monum.* Tom. XXVII. 1861. pp. 541 à 544.

181. — REVUE DES DÉCOUVERTES ARCHÉOLOGIQUES FAITES EN 1861 DANS LE DÉPARTEMENT DE LA SEINE-INFÉRIEURE. *Rev. Archéologique.* 1862. pp. 16 à 22.

Rapport annuel au Sénateur, Préfet de la Seine-Inférieure.

182. — PROSPECTUS DE LA REVUE DE LA NORMANDIE, par l'abbé Cochet et Gustave Gouellain. *Rev. de la Norm.* 1862. pp. 1 à 4.

On trouve la citation de ce *Prospectus* dans les journaux suivants : *Journal de Fécamp*, 5 février et 9 avril 1862 ; *Vigie de Dieppe*, 11 février ; *Echo de la Vallée de Bray*, 1er mars ; *Journal de Bernay*, 10 avril.

183. — NOTE SUR TROIS CERCUEILS DE PIERRE TROUVÉS A GOUVILLE, entre Cailly et Fontaine-le-Bourg (arrondissement de Rouen) en 1861. *Rouen. Imprimerie de E. Cagniard, rue Percière, 29.* 1862. In-8°. grav.

Titre impr. ; — Texte, pp. 3 à 16.

Extr. de la *Rev. de Norm.* 1862. pp. 5 à 18. — Tiré à 100 exemplaires.

Cette Note a été lue à l'*Acad. de Rouen* dans sa séance du 22 novembre 1861.

184. — FOUILLES FAITES EN 1861 A L'ABBAYE DE SAINT-WANDRILLE ET A LA CHAPELLE DE CAUDECOTE, PRÈS DIEPPE. *Rouen. Chez A. Le Brument, libraire-éditeur, quai Napoléon, 55.* 1862. In-8°. grav.

Titre impr. ; — Fouilles de l'Abbaye, pp. 3 à 16 ; — Exploration de la Chapelle, pp. 17 à 22 et 1 f. blanc.

Extr. de la *Rev. de la Normandie* 1862. *Pour les Fouilles*, pp. 129 à 142 ; — et pour l'*Exploration de la Chapelle*, pp. 65 à 70. — Tiré à 100 exemplaires.

185. — ANTIQUITÉS FRANQUES DÉCOUVERTES A BLANGY. — TRANSLATION, FAITE A BERNAY, DES PRÉTENDUS RESTES DE JUDITH DE BRETAGNE, DUCHESSE DE NORMANDIE. NOMINATION DE M. L'ABBÉ COLAS A UN CANONICAT DE ROUEN. *Rev. de la Norm.* 1862. pp. 187 à 190.

186. — LA FLÈCHE DE LA CATHÉDRALE DE ROUEN. — DÉBRIS D'UNE VILLA ROMAINE APERÇUS A SAINT-AUBIN-SUR-GAILLON (Eure). — TEMPLE DE MERCURE DÉCOUVERT ET FOUILLÉ A BERTHOUVILLE (Eure). — FOUILLES A POURVILLE, près Dieppe. *Rev. de la Norm.* 1862. pp. 256 à 262.

187. — ECCLÉSIOLOGIE. Utilité de cette science pour les Ecclésiastiques. *Rev. de la Norm.* 1862. pp. 265 à 272. Voir aussi le n° 228.

188. — ANCIENNETÉ DE L'HORLOGERIE SUR L'ALIERMONT. — UN CALLIGRAPHE ROUENNAIS DU XVe SIÈCLE. — LES CLOCHES DU PAYS DE BRAY, avec leurs dates, leurs noms, leurs inscriptions, leurs armoiries, leurs fondeurs, etc., le tout classé topographiquement et chronologiquement par M. D. DERGNY, *cultivateur à Grandcourt*. In-8°. (Compte-Rendu). *Rev. de la Norm.* 1862. pp. 336 à 340.

189. — SUR DEUX RÉTABLES DU XVIe SIÈCLE DE L'EGLISE DE LA CHAUSSÉE-BOIS-HULIN (Seine-Inférieure). *Bullet. de la Soc. des Antiq. de Norm.* Tom. I. (1860-1861). pp. 56 à 62.

190. — NOTE SUR LA NOURRICE DE JEAN SANS TERRE. *Bullet. de la Soc. des Antiq. de Norm.* Tom. I. (1860-1861). pp. 80 et 81.

191. — NOUVELLES ARCHÉOLOGIQUES, découverte d'un Sarcophage Mérovingien à Etalondes (Seine-Inférieure). *Bullet. de la Soc. des Antiq. de Norm.* Tom. I. (1860-1861). pp. 81 et 82.

192. — DÉCOUVERTE DE MONNAIES DU XIIIe AU XVIIe SIÈCLE A JANVAL (S.-Inf.). — TOMBES DU XVIe SIÈCLE A ETRAN. — SARCOPHAGES MÉROVINGIENS D'ETALONDES ET DU BOIS-ROBERT. *Bullet. de la Soc. des Antiq. de Norm.* Tom. I. (1860-1861). pp. 110, 112, 115 et 116.

193. — SUR DES FOUILLES ENTREPRISES SUR L'EMPLACEMENT DE L'ANCIENNE EGLISE D'ETRAN ET A ETALONDES. *Bull. de la Soc. des Antiq. de Norm.* Tom. I. (1860-1861). p. 112.

194. — ANTIQUITÉS GAULOISES, ROMAINES, FRANQUES DU MOYEN-AGE ET DE LA RENAISSANCE, sépultures, etc. *Bullet. de la Soc. des Antiq. de Norm.* Tom. I. (1860-1861). pp. 120 à 139.

195. — ANTIQUITÉS CHRÉTIENNES DÉCOUVERTES A L'ABBAYE D'AUMALE EN 1859 (Monnaies du XVIe siècle, Poteries du XIIIe siècle). *Bullet. de la Soc. des Antiq. de Norm.* Tom. I. (1860-1861). pp. 140 à 146.

196. — NOTE SUR UNE COUPE (romaine) EN VERRE COUVERTE DE BAS-RELIEFS RECUEILLIE A TROUVILLE-EN-CAUX, près Lillebonne (Seine-Inférieure). *Bullet. de la Soc. des Antiq. de Norm.* Tom. I. (1860-1861). pp. 146 à 150. grav.

197. — ENCASTREMENT D'UNE STATUE SÉPULCRALE DU XIIIe SIÈCLE DANS L'EGLISE DU MESNIL-MAUGER (S.-Inf.) ET DE DEUX PIERRES TOMBALES DU XIVe SIÈCLE DANS L'EGLISE DE LA VAUPARLIÈRE (S.-Inf.). *Bullet. de la Soc. des Antiq. de Norm.* Tom. I. (1860-1861). pp. 150 à 153.

198. — LA PIERRE TOMBALE D'ANTOINE LEGENDRE, curé d'Hénouville et ami du grand Corneille. *Bullet. de la Soc. des Antiq. de Norm.* Tom. I. (1860-1861). pp. 154 à 158.

199. — NOTE SUR DES INCINÉRATIONS GALLO-ROMAINES TROUVÉES A LILLEBONNE EN 1860. *Bullet. de la Soc. des Antiq. de Norm.* Tom. I. (1860-1861). pp. 261 à 266.

200. — NOUVELLES ARCHÉOLOGIQUES. EXTRAIT D'UNE LETTRE ADRESSÉE A M. CHARMA. Visite au bassin de la Somme (St-Valery, Abbeville, Amiens). *Bullet. de la Soc. des Antiq. de Norm.* Tom. I. (1860-1861). pp. 275 et 276.

201. — POTERIES ROMAINES DÉCOUVERTES A CAUDEBEC; SARCOPHAGE ROMAIN DE VATTEVILLE ; PIERRE TOMBALE DE L'EGLISE DES VIEUX (1498) ET DE LA LÉPROSERIE DE JUMIÈGES (1248). *Bullet. de la Soc. des Antiq. de Norm.* Tom. I. (1860-1861). pp. 296 à 310.

202. — NOTICE SUR DES ANTIQUITÉS MÉROVINGIENNES (sarcophages, objets en bronze, poteries) TROUVÉES DANS UN CIMETIÈRE FRANC DÉCOUVERT A SAINT-PIERRE-DU-VAUVRAY, près Louviers (Eure) en 1861. *Bullet. de la Soc. des Antiq. de Norm.* Tom. I. (1860-1861). pp. 323 à 326.

Paru aussi dans la *Picardie.* 1861. pp. 234 à 236.

203. — INSCRIPTIONS DU XVIe-XVIIe SIÈCLE DANS L'EGLISE DE NEUVILLE-LE-POLLET (Seine-Inférieure). *Bullet. de la Soc. des Antiq. de Norm.* Tom. I. (1860-1861). pp. 373 et 374.

204. — SARCOPHAGES DES XIe ET XIIe SIÈCLES A HAUTOT-SUR-MER. *Bullet. de la Soc. des Antiq. de Norm.* Tom. I. (1860-1861). pp. 375 à 377.

205. — FOUILLES DU PETIT-APPEVILLE, vases. carrelages ; CERCUEILS MÉROVINGIENS DE GOUVILLE ET D'AUFFAY ; DALLES TUMULAIRES DE L'EGLISE D'ANGLESQUEVILLE (Seine-Inférieure). *Bullet. de la Soc. des Antiq. de Norm.* Tom. I. (1860-1861). pp. 378 à 398.

206. — SÉPULTURES CHRÉTIENNES DES XIIe ET XIIIe SIÈCLES TROUVÉES A FÉCAMP EN 1861. *Bullet. de la Soc. des Antiq. de Norm.* Tom. I. (1860-1861). pp. 433 à 439.

207. — NOUVELLES ARCHÉOLOGIQUES. FOUILLES AU LIEU DIT LE VAL-DES-NOYERS, SUR LE PENCHANT DE LA COTE DES CAILLETTES, commune de Saint-Wandrille-Rançon. *Bull. de la Soc. des Antiq. de Norm.* Tom. I. (1860-1861). pp. 450 à 453.

(Poteries celtiques et Epées).

208. — POTERIES DÉCOUVERTES A SAINT-WANDRILLE, GRAVILLE, MANNEVILLE, etc. (Seine-Inférieure). — DALLE TUMULAIRE DE JEAN DU TOT, abbé de Jumièges. *Bullet. de la Soc. des Antiq. de Norm.* Tom. II. 1862. pp. 155 à 157.

209. — MONNAIES ROMAINES DÉCOUVERTES A POURVILLE. — MONNAIES DU XVIe SIÈCLE TROUVÉES A CAUDECOTE (Seine-Inférieure). *Bullet. de la Soc. des Antiq. de Norm.* Tom. II. 1862. pp. 158 à 162.

210. — CIMETIÈRE MÉROVINGIEN DE LAMBERVILLE. *Bullet. de la Soc. des Antiq. de Norm.* Tom. II. 1862. Voir aussi le n° 221.

211. — SUR UNE FONDERIE DE CANONS A GRAVILLE, près le Havre, au XVIIIe siècle. *Bullet. de la Soc. des Antiq. de Norm.* Tom. II. 1862. pp. 373 à 376.

212. — SUR UN MODE DE DÉFENSE PEU CONNU (boules de pierre encastrées dans des archères) OBSERVÉ EN BRETAGNE ET EN NORMANDIE. *Bullet. de la Soc. des Antiq. de Norm.* Tom. II. 1862. pp. 383 à 428.

213. — ARCHÉOLOGIE MONUMENTALE. POTERIES ACOUSTIQUES DÉCOUVERTES DANS LES EGLISES DE SAINT-LAURENT-EN-CAUX, MONTIVILLIERS, FRY, SOTTEVILLE (Seine-Inférieure). *Bull. de la Soc. des Antiq. de Norm.* Tom. II. 1862. pp. 557 à 564.

214. — DÉCOUVERTE DE MONNAIES ROMAINES A ARCHELLES (S.-Inf.). — MÉDAILLONS DE L'EGLISE DE MONTIGNY. — CHAPELLE DU VŒU A SAHURS (S.-Inf.). XVIe sc. *Bull. de la Soc. des Antiq. de Norm.* Tom. II. 1862. pp. 582 à 584.

215. — CIMETIÈRE GAULOIS DE LA MARE-DES-CENDRIERS. — SARCOPHAGES DE MONTÉROLLIER (S.-Inf.) etc. *Bullet. de la Soc. des Antiq. de Norm.* Tom. II. 1862. pp. 585 à 608.

216. — NOTE SUR DES MARMITES EN BRONZE conservées dans quelques collections archéologiques, à propos d'un vase de ce genre trouvé à Caudebec-lès-Elbeuf en 1861. *Paris. Ch. Blériot, 55, quai des Grands-Augustins.* (Arras. Typ. Rousseau-Leroy, rue Saint-Maurice, 26). 1862. In-8°. grav.

Titre impr. ; — Texte, pp. 3 à 7.

Extr. de la *Rev. de l'Art Chrétien.* — Tiré à 30 exemplaires. — *Rare.*

ETRETAT, etc. *Dieppe. Delevoye.* 1862. Voir le n° 82.

217. — NOUVELLES PARTICULARITÉS RELATIVES A LA SÉPULTURE CHRÉTIENNE DU MOYEN-AGE. *Paris. Ch. Blériot,*

55, quai des Grands-Augustins. (Arras. Typ. Rousseau-Leroy, rue Saint-Maurice, 26). 1862. In-8°. grav.

Titre impr. ; — Texte, pp. 3 à 20.

Extr. de la *Rev. de l'Art Chrétien.* — Tiré à 50 exemplaires.

218. — DÉCOUVERTE, RECONNAISSANCE ET DÉPOSITION DU CŒUR DU ROI CHARLES V, dans la Cathédrale de Rouen en mai et juin 1862. *Havre. Imprimerie Commerciale Costey frères, libraires-éditeurs, rue de l'Hôpital, 4 et 6. — Paris. Aubry, rue Dauphine, 16 ; Derache, rue du Bouloy, 7 ; Didron, rue Saint-Dominique-Saint-Germain, 23. — Rouen. A. Lebrument, quai Napoléon, 55. — Dieppe. Marais, Grande-Rue, 41. s. d.* (1862). In-8° avec une planche hors texte.

Faux-titre ; — Titre impr. ; — Découverte, pp. 5 à 23 ; et 1 f. blanc.

La planche se trouve en regard du Titre : *Coupe du Caveau de Charles V à la Cathédrale de Rouen. — Vue du Cœur de Charles V à la Cathédrale de Rouen.*

Tiré à 400 exemplaires dont 20 de luxe.

Une Notice sur cette découverte est parue dans la *Rev. de la Norm.* 1862. pp. 397 à 405. *Voir aussi le n° suivant.*

219. — NOUVELLES REMARQUES SUR LA DÉCOUVERTE DU CŒUR DU ROI CHARLES V, dans la Cathédrale de Rouen en mai 1862. *Rev. de l'Art Chrétien.* 1862. pp. 510 à 530.

220. — NOTICE HISTORIQUE ET ARCHÉOLOGIQUE SUR L'EGLISE ET LE HAMEAU DU PETIT-APPEVILLE, près Dieppe. *Dieppe. Chez tous les Libraires.* 1862. In-8°. grav.

Faux-titre ; on lit au verso : *Bolbec, Typographie, Lithographie et taille-douce de Valin* : — Titre impr. ; — Texte, pp. 5 à 22 ; — et 1 f. blanc.

Il existe un autre tirage, l'indication est la même, mais le texte a 23 pp. — C'est une lettre de l'ABBÉ COCHET, datée de *Dieppe, le 1er Octobre 1862*, elle commence à la moitié de la page 22 et tient toute la page 23. Elle n'a pas été imprimée dans le tirage précédent.

221. — NOTICE HISTORIQUE ET ARCHÉOLOGIQUE SUR LES ANTIQUITÉS FRANQUES ET L'EGLISE DE LAMBERVILLE (canton de Bacqueville, arrondissement de Dieppe). *Dieppe. Chez tous les Libraires.* (Amiens. Imp. de Lenoel-Herouart, rue des Rabuissons, 10). 1862. In-8°. grav.

Titre impr. ; — Cimetière Mérovingien de Lamberville, pp. 3 à 10 ; — Notice historique et archéologique sur l'Eglise de Lamberville, pp. 11 à 14 ; et 1 f. blanc.

Extr. de la *Picardie* d'août 1862. Tome VIII. pp. 337 à 348. — Tiré à 400 exemplaires. — Cette brochure se vendait au profit de l'Eglise de Lamberville.

Le Cimetière Mérovingien de Lamberville, fouilles de 1859 et de 1862 est paru aussi dans le *Bullet. de la Soc. des Antiq de Norm.* Tome II. 1862. pp. 198 à 202 ; dans la *Rev. Archéologique*. 1862. pp. 153 à 156 et dans la *Rev. de la Normandie*. 1863. pp. 57 à 66.

222. — DÉCOUVREURS ET PIONNIERS NORMANDS. PIERRE BLAIN D'ESNAMBUC. Inauguration et Bénédiction,

par Mgr l'Evêque de la Guadeloupe de l'Inscription commémorative placée dans l'Eglise d'Allouville, près Yvetot. 9 septembre 1862. *Havre. Costey frères, libraires-éditeurs.* MDCCCLXII (1862). In-12.

1 f. blanc ; — Faux-titre ; — Titre impr. ; — Rapport adressé à M. le Sénateur, Préfet de la Seine-Inférieure, par l'abbé Cochet, pp. 5 à 9 ; — Inauguration et Bénédiction, pp. 11 à 21 ; — Panégyrique, par l'abbé Lecomte, pp. 23 à 47. — Tiré à 800 exemplaires dont 20 de luxe.

223. — NEW FACTS RELATIVE TO CHRISTIAN SEPULTURE IN THE MIDDLE AGES. *Gentleman's Magazine. Londres.* 1862. pp. 338 à 390.

Il en a été fait un tirage à part de 15 à 20 exemplaires. — *Très rare.*

224. — BÉNÉDICTION DE LA CHAPELLE DU PETIT SÉMINAIRE DU DIOCÈSE DE ROUEN AU MONT-AUX-MALADES. *Rouen. Imprimerie E. Cagniard, rue Percière, n° 29.* 1862. In-8°.

Bénédiction, pp. 1 à 7.

La Couverture sert de Titre. — Tiré à 200 exemplaires. — Cette Notice a été réimprimée dans la *Rev. de la Norm.* 1863. pp. 42 à 48.

225. — BIBLIOGRAPHIE NORMANDE. M. L'ABBÉ COCHET. Liste de ses Ouvrages. *s. l. n. d.* (Dieppe. Em. Delevoye, impr. 1863). In-8° de 8 pp. chiff.

Sans Titre ni Faux-titre. — *Très rare.*

226. — RAPPORT SUR LES OPÉRATIONS ARCHÉOLOGIQUES DU DÉPARTEMENT DE LA SEINE-INFÉRIEURE depuis le 1er juillet 1861 jusqu'au 30 juin 1862. *Rev. Archéologique.* 1863. pp. 32 à 43.

Rapport annuel au Sénateur, Préfet de la Seine-Inférieure. Voir aussi le *Bull. Monum.* Tome XXIX. 1863. pp. 33 à 48 et la *Rev. de la Norm.* 1862. *L'Archéologie dans la Seine-Inférieure en 1862.* pp. 793 à 809.

227. — HACHETTES DE BRONZE TROUVÉES A LA HÈVE. (Extrait d'une lettre à M. le Maire du Havre). — DOLIUM ROMAIN TROUVÉ A SAINT-WANDRILLE-RANÇON EN 1862. — VASES DE BRONZE TROUVÉS A ANCRETTEVILLE-SUR-MER. — MONNAIES D'OR DU XVIe SIÈCLE TROUVÉES A HOUDETOT (Seine-Inférieure) en 1862. *Rev. de la Norm.* 1863. pp. 49 à 53.

228. — ECCLÉSIOLOGIE. Progrès de cette science dans le Clergé contemporain. *Rev. de la Norm.* 1863. pp. 78 à 83. — Voir aussi le n° 187.

229. — UNE PIEUSE SERVANTE DE PIE VII, DÉCÉDÉE A ROUEN EN 1863. — LE MUSÉE BIBLIOTHÈQUE DE FÉCAMP. *Rev. de la Norm.* 1863. pp. 104 et 105.

230. — COMMENT MEURENT LES EGLISES. *Rev. de la Norm.* 1863, pp. 146 à 152, avec 1 grav. hors texte. On

lit comme légende : *Eglise du Petit-Appeville* (près Dieppe) en 1850. Dessiné par A. Bligny, mis sur bois par A. Durand, grav. par Breviere.

231. — COINS EN BRONZE TROUVÉS A TONNEVILLE, PRÈS CHERBOURG. — BREF DE S. S. PIE IX AU PRINCE DEMIDOFF. — INSCRIPTION COMMÉMORATIVE DE M. AUGUSTE LE-PREVOST, à Bernay. — MORT DE M. P. DE LA MAIRIE, historien de Gournay. *Rev. de la Norm.* 1863. pp. 166 à 170.

232. — BIBLIOGRAPHIE. MÉMOIRES DE LA SOCIÉTÉ DES ANTIQUAIRES DE NORMANDIE. Tom. XXV. 1re livraison. *Rev. de la Norm.* 1863. pp. 171 à 174.

233. — INSCRIPTION DU CŒUR DE CHARLES V DANS LA CATHÉDRALE DE ROUEN. — LE CŒUR DE MESSIRE D'AUBIGNÉ, archevêque de Rouen. — RÉTABLISSEMENT DE L'INSCRIPTION COMMÉMORATIVE DE LA BATAILLE D'ARQUES. — DÉCOUVERTES DE MONNAIES ROMAINES DANS LA SEINE-INFÉRIEURE. — CERCUEIL DE PIERRE TROUVÉ A MARTIN-EGLISE, PRÈS DIEPPE. — FONDERIES DE CANONS A GRAVILLE ET AU HAVRE, au XVIIe siècle. *Rev. de la Norm.* 1863. pp. 220 à 230 et 1 f. n. chiff. intercalé entre les pp. 220 et 221 sur lequel on lit au recto *l'Inscription du Cœur de Charles V.*

234. — EXPLORATIONS DES ANCIENS CIMETIÈRES DE ROUX-MESNIL ET D'ETRAN EN NORMANDIE, suivies de quelques détails sur la Sépulture chrétienne du Moyen-Age. *Londres, printed by J. B. Nichols and sons, 25, Parliament Street.* 1863. In-4°.

Titre impr. ; — Explorations, pp. 1 à 17 ; — Note par M. W.-M. Wylie, pp. 17 et 18.

Extr. de l'*Archaeologia*. Vol. XXXIX. pp. 117 à 134. — Tiré à 25 exemplaires. *Très rare.* — *Bibliothèque Nationale.* L. j. 9. 1316.

235. — ETUDE DE SÉPULTURES CHRÉTIENNES, faite de 1858 à 1860, dans les Cimetières de Roux-Mesnil et d'Etran, près Dieppe. *Caen. Typ. de A. Hardel, imprimeur des Sociétés Savantes, rue Froide,* 2. 1863. In-4°. grav.

Titre impr. ; — Texte, pp. 1 à 25.
Les pp. 18, 19, 22 et 23 sont chiff. 22, 23, 18 et 19.

Extr. du Tome de XXV des *Mém. de la Soc. des Antiq. de Norm.* pp. 199 à 223. — Tiré à 25 exemplaires. — *Très rare.* — *Bibliothèque Nationale.* L. j. 9. 961.

236. — ARCHÉOLOGIE CÉRAMIQUE ET SÉPULCRALE OU l'Art de classer les Sépultures anciennes à l'aide de la céramique. Lyon et Roanne. 1863. In-4°.

Malgré toutes mes recherches je n'ai pu m'en procurer un exemplaire.

Voir un *Compte-Rendu de cet Ouvrage* par GUSTAVE GOUELLAIN. *Rev. de la Norm.* 1863. pp. 315 à 318.

237. — NOTICE SUR DES SÉPULTURES ROMAINES du IVe et du Ve siècle trouvées à Tourville-la-Rivière. *Rouen. Imprimerie de E. Cagniard, rue Percière 29.* 1863. In-8°. grav.

Titre impr. ; — Texte, pp. 1 à 13 ; — Gravures, pp. 14 à 19 et 1 f. blanc.

Extr. de la *Rev. de la Norm.* 1863. pp. 241 à 259. — Tiré à 150 exemplaires. — *Tourville-la-Rivière est une commune du canton d'Elbeuf.*

238. — ON A MEDAL OF ST. BENEDICT, by the Abbé Cochet, of Dieppe, with some remarks by John Evans. s. l. n. d. (Londres. 1863).

Extr. du *Numismatic Chronicle.* — Cette Notice a été lue à la *Numismatic Society,* le 15 mai 1862.

239. — ROUEN HISTORIQUE ET CHRÉTIEN. Esquisse du IIIe au XIe siècle. *Mém. de la Soc. des Antiq. de Norm.* Tom. XXV. 1863. pp. 629 à 647.

240. — M. L'ABBÉ LEGUEST. *s. l. n. d.* (Dieppe. Em. Delevoye, impr. 1863). In-8° de 3 p. n. chiff.

Extr. de la *Vigie de Dieppe* du 14 août 1863. *Notice Nécrologique.*

241. — ON A METHOD OF DEFENCE IN FORTIFICATIONS, OBSERVED IN BRITANNY AND IN NORMANDY. *Gentleman's Magazine.* Mars 1863. pp. 316 à 318.

242. — ACOUSTIC POTTERY. *s. l. n. d.* (Londres. 1863). In-8° de 4 pp. chiff. grav. dans le texte.

Sans Titre ni Faux-titre.

Extr. du *Gentleman's Magazine.* Novembre 1863. pp. 540 à 543. — *Rare.*

243. — SOCIÉTÉ CHARITABLE DE SAINT-JEAN-FRANÇOIS-RÉGIS, établie à Dieppe en 1842, pour faciliter le mariage civil et religieux des Pauvres et la Légitimation de leurs enfants naturels. Compte-Rendu des Opérations de 1863. *s. l. n. d.* (Dieppe. Emile Delevoye, imprimeur. 1863). In-8°.

Faux-titre ; — Texte, pp. 3 à 7. — Il n'y a pas de Titre. — *Ce Rapport n'est pas signé.*

244. — DÉCOUVERTE DE MONNAIES ET AUTRES MONUMENTS ANTIQUES DANS LA SEINE-INFÉRIEURE. — DÉMOLITION DE LA VIEILLE EGLISE DE GODERVILLE. — BÉNÉDICTION DE L'EGLISE DE COLLEVILLE. *Rev. de la Norm.* 1863. pp. 297 à 299.

Les Monnaies ont été trouvées à *Tiétreville, Manneville-ès-Plains, Fécamp, Eu, Arques et Archelles.*

245. — HACHETTES DILUVIENNES TROUVÉES A ARQUES. — MONNAIES ET HACHES GAULOISES. — ANTIQUITÉS ROMAINES TROUVÉES A SAINT-JEAN-DE-FOLLEVILLE, A

Saint-Martin-l'Ortier et a Archelles près Arques. — Découverte d'un Cachet d'oculiste Romain dans les grands travaux de Rouen. — Cercueils Francs trouvés a Manneville-sur-Rille (arrondissement de Pont-Audemer). — Cimetière mérovingien de Veules. — Plaques de ceinturon en bronze trouvées a Grandcourt et a Dampierre-en-Bray. *Rev. de la Norm.* 1863. pp. 494 à 498.

246. — Restauration de l'Eglise de Varengeville-sur-Mer. *Rev. de la Norm.* 1863. pp. 552 à 557.

247. — Sépultures chrétiennes du Moyen-Age, trouvées a Jumièges en 1863. — Vente de l'Abbaye de Saint-Wandrille. *Rev. de la Norm.* 1863. pp. 643 et 644.

248. — Monseigneur de Bonnechose, Archevêque de Rouen, élevé à la dignité de Cardinal. *Rev. de la Norm.* 1863. pp. 873 à 876.

249. — Nomination de M. Charma, comme doyen de la Faculté des Lettres de Caen. — Mort du R. P. Delamare (de Rouen), missionnaire apostolique en Chine. — Hachettes en silex recueillies sur le Mont-des-Caillettes, à Saint-Wandrille-Rançon. — Cime-

TIÈRE GAULOIS DÉCOUVERT ET EXPLORÉ A SAINTE-BEUVE-EN-RIVIÈRE (canton de Neufchâtel). — ETABLISSEMENT ROMAIN ET CIMETIÈRE FRANC DÉCOUVERTS A MONTÉ-ROLLIER (canton de Saint-Saens). — SÉPULTURES ET INSCRIPTIONS GÉNOVÉFAINES trouvées dans l'Eglise du Mont-aux-Malades. *Rev. de la Norm.* 1863. pp. 888 à 895.

250. — DÉCOUVERTE DE MARMITES EN BRONZE A ANCRETTEVILLE-SUR-MER. *Bull. Monum.* Tom. XXIX. 1863. pp. 314 et 315.

251. — RAPPORT ANNUEL SUR LES OPÉRATIONS ARCHÉOLOGIQUES DU DÉPARTEMENT DE LA SEINE-INFÉRIEURE, depuis le 1er juillet 1862 jusqu'au 30 juin 1863. *Bull. Monum.* Tom. XXX. 1864. pp. 196 à 208. — Paru aussi dans la *Rev. Archéologique.* 1864. pp. 94 à 103.

Rapport au Sénateur, Préfet de la Seine-Inférieure.

Voir aussi dans la *Rev. de la Norm.* 1864. *L'Archéologie dans la Seine-Inférieure en 1863*, pp. 1 à 12.

252. — RAPPORTS ADRESSÉS A SON EMINENCE MONSEIGNEUR LE CARDINAL DE BONNECHOSE, ARCHEVÊQUE DE ROUEN, sur l'inspection des Eglises de son diocèse pendant les années 1862 et 1863. *Rouen. Imprimerie Mégard et Cie, rue Saint-Hilaire, 136.* 1864. in-8°.

Titre impr. ; — A sa Grandeur Monseigneur de Bonnechose, Archevêque de Rouen, Primat de Normandie, *Dieppe, le 1er décembre 1862*, pp. 3 à 5 ; — Archidiaconé de Rouen, pp. 7 à 14 ; — Archidiaconé de Dieppe, pp. 15 à 22 ; — Archidiaconé du Havre, pp. 23 à 27 ; — Archidiaconé de Neufchâtel, pp. 28 à 31 ; — Archidiaconé d'Yvetot, pp. 32 à 34 ; — A son Eminence Monseigneur le Cardinal de Bonnechose, Archevêque de Rouen, Primat de Normandie, *Rouen, le 1er décembre 1863*, pp. 35 à 37 ; — Archidiaconé de Rouen, pp. 39 à 60 ; — Archidiaconé de Dieppe, pp. 61 à 66 ; — Archidiaconé du Havre, pp. 67 à 70 ; — Archidiaconé d'Yvetot, pp. 71 à 74 ; — Archidiaconé de Neufchâtel, pp. 75 à 84.

Tiré à 1,000 exemplaires. — Voir un *Compte-Rendu*, par ADOLPHE DE CIRCOURT, dans la *Rev. de la Norm.* 1864. pp. 346 à 350.

253. — M. LE VICOMTE DE BOURBON-BUSSET (article nécrologique. — L'ABBAYE DU MONT-SAINT-MICHEL. — INSCRIPTION LITURGIQUE DU XVIe SIÈCLE. — BAGUE EN ARGENT AVEC DENIER DE MACRIN trouvée à Saint-Riquier-en-Rivière. *Rev. de la Norm.* 1864. pp. 54 à 56.

254. — DÉCOUVERTE ET EXPLORATION DU CIMETIÈRE GALLO-ROMAIN D'ORIVAL, près Fécamp. *Rev. de la Norm.* 1864. pp. 268 à 270.

255. — M. J. HARDY, ornithologiste dieppois. *Rev. de la Norm.* 1864. pp. 355 à 358.

256. — NOTE SUR DES INSCRIPTIONS TUMULAIRES DE MOINES DE LA CONGRÉGATION DE SAINT-MAUR, autrefois à Jumièges et à présent dispersées à Duclair, à Vatteville et à Caudebec-en-Caux. *Rouen. Imprimerie de E. Cagniard, rues de l'Impératrice, 66 et des Basnages. 5.* 1864. In-8.

Texte, pp. 1 à 8. La Couverture sert de Titre. Il n'y a pas de Faux-titre.

Extr. de la *Rev. de la Norm.* 1863. pp. 753 à 760. — Tiré à 50 exemplaires.

257. — DISCOURS PRONONCÉ A LA BÉNÉDICTION NUPTIALE donnée par M. l'abbé Cochet à M. Charles Morel et à Mlle Gabrielle Delevoye, dans l'Eglise Saint-Remy de Dieppe, le 3 octobre 1864. *Dieppe. Imprimerie d'Emile Delevoye, rue des Tribunaux, 7.* 1864. In-8° de 4 pp. chiff.

La Couverture sert de Titre. Il n'y a pas de Faux-titre. — Tiré à 100 exemplaires. — *Rarissime.*

258. — NOTE ARCHÉOLOGIQUE SUR UN CIMETIÈRE GAULOIS découvert au Vaudreuil (Eure) en 1858 et en 1859. — *Rouen. Imprimerie de E. Cagniard, rues de l'Impératrice, 66 et des Basnages, 5.* 1864. In-8°. grav.

Titre impr. ; — Texte, pp. 3 à 14.

Extr. de la *Rev. de la Norm.* 1864. pp. 201 à 212. — Paru aussi dans la *Rev. des Soc. Sav.* 1864. pp. 606 à 615. — Tiré à 100 exemplaires.

259. — Note sur les Poteries acoustiques de nos Eglises. *s. l. n. d.* (Rouen. Imp. H. Boissel. 1864.). In-8° de 11 pp. chiff. grav.

Il n'y a ni Titre ni Faux-titre.

Extr. du *Précis de l'Acad. de Rouen*. 1863/64.

260. — Note sur un Edifice Gallo-Romain, présumé Temple ou Laraire, découvert et exploré à Caudebec-lès-Elbeuf. *Bull. de la Société Industrielle d'Elbeuf.* Elbeuf. 1864.

261. — Sarcophages Gallo-Romains de Saint-Etienne-du-Rouvray, Sigy, Saint-André-sur-Cailly (Seine-Inférieure). *Bull. de la Soc. des Antiq. de Norm.* Tom. III. 1864. pp. 32 à 90.

262. — Poteries franques d'Orival (Seine-Inférieure). *Bull. de la Soc. des Antiq. de Norm.* Tom. III. 1864. pp. 143 à 167.

263. — Sur des Vases de bronze trouvés en Normandie qui paraissent appartenir au Moyen-Age. *Bull. de la Soc. des Antiq. de Norm.* Tom. III. 1864. pp. 171 à 177. grav.

Découverte de Vases à Tréforest, commune du Mesnil-Mauger, canton de Forges-les-Eaux.

264. — Sur un Portrait de Thomas Bazin peint sur une verrière de l'Eglise de Caudebec. *Bull. de la Soc. des Antiq. de Norm.* Tom. III. 1864. p. 192.

265. — Sanctuaire Gallo-Romain découvert a Caudebec-lès-Elbeuf (Seine-Inférieure). — Poteries mérovingiennes des Petites-Dalles. — Inscriptions de 1272 a Veules. — Pierre tombale du XVIIe siècle dans l'Eglise de Raffetot (Seine-Inférieure). *Bull. de la Soc. des Antiq. de Norm.* Tom. III. 1864. pp. 201 à 205.

266. — Sur les Urnes gauloises découvertes a Fresnay-sur-Mer (Calvados). *Bull. de la Soc. des Antiq. de Norm.* Tom. III. 1864. pp. 284 à 353.

267. — Rapport sur les Opérations archéologiques dans la Seine-Inférieure pendant l'année 1864. *Revue Archéologique.* 1865. pp. 191 à 201.

Voir aussi : *Opérations Archéologiques dans la Seine-Inférieure* pendant l'année 1864. *Rev. de la Norm.* 1865. pp. 321 à 333 et *Bull. Monum.* Tome XXXI. 1865. pp. 69 à 83.

268. — Notice biographique et nécrologique sur M. l'abbé Lefebvre, curé de Saint-Sever de Rouen. *Rouen. Fleury, libraire de S. Em. Monseigneur le Cardinal-Archevêque. Place Saint-Ouen, 23.* 1865. In-18.

Faux-titre ; — Titre impr. ; — Notice, pp. 5 à 23.

Extr. de l'*Almanach Liturgique du Diocèse de Rouen*. pp. 41 à 53. Cette Notice se vendait au profit de la *Maison de Charité de la Paroisse de Saint-Sever*. — Tiré à 500 exemplaires. — Voir un *Compte-Rendu* signé J. L. dans la *Rev. de la Norm*. 1865, p. 49.

269. — NOTICE SUR UNE ANCIENNE STATUE DE GUILLAUME-LE-CONQUÉRANT conservée dans l'Eglise de Saint-Victor-l'Abbaye (canton de Tôtes, arrondissement de Dieppe). *s. l. n. d.* (Arras. Typographie Rousseau-Leroy, rue Saint-Maurice, 26. 1865). In-8° de 7 pp. chiff. grav.

Extr. de la *Rev. de l'Art Chrétien* 1864. — Tiré à 50 exemplaires. — *Rare*. — Voir aussi le n° suivant.

270. — NOTICE SUR UNE ANCIENNE STATUE DE GUILLAUME-LE-CONQUÉRANT conservée dans l'Eglise de Saint-Victor-l'Abbaye (canton de Tôtes, arrondissement de Dieppe). *s. l. n. d.* (Londres. 1866). In-4° de 5 pp. avec 1 grav. hors texte.

La grav. (p. 3). Statue de Guillaume-le-Conquérant. Eglise de Saint-Victor-l'Abbaye. — Extr. de l'*Archaeologia*. Vol. XL. 1866. pp. 398 à 402. — *Très rare*.

GUIDE DU BAIGNEUR DANS DIEPPE, etc. *Dieppe. Marais* 1865. Voir le n° 113.

271. — PLAN ET DESCRIPTION DE LA VILLE DE DIEPPE AU XIVe SIÈCLE. par MM. MÉRY et COCHET. Dressé d'après le Coutumier ou Cueilloir recueilli pour Messire Guillaume de Vienne, Archevêque de Rouen, par Me Guillaume Tieullier, prêtre de Saint-Jacques. *Dieppe. Imprimerie d'Emile Delevoye, rue des Tribunaux.* MDCCCLXV (1865). In-4° avec 1 plan hors texte.

Faux-titre ; — Titre impr. ; — Préface par l'abbé Cochet, pp. 5 et 6 ; — Description du Plan, pp. 7 à 35 ; — Tables, pp. 36 à 40.

Le Plan (p 40). On lit dans le haut : *Plan de Dieppe au XIVe siècle d'après un Cartulaire de 1396 composé par Guil[e] Tieullier, receveur de l'Archevêque de Rouen à la Vicomté de Dieppe.* — Dans le bas : E. Garcin. — *Lith. E. Delevoye à Dieppe.* — *Rare.* — Tiré à 250 exemplaires.

272. — LES ORIGINES DE ROUEN d'après l'Histoire et l'Archéologie. *Rouen. Imprimerie de E. Cagniard, rues de l'Impératrice, 88 et des Basnages, 5.* In-8°. grav.

Faux-titre ; — Titre impr. ; — Les Origines, pp. 5 à 111 ; — Table, pp. 112 à 116.

Extr. de la *Rev. de la Norm.* 1864. *1er semestre.* pp. 229 à 242 et 293 à 314 ; — *2e semestre.* pp. 65 à 77 ; – 156 à 160 et 352 à 365 ; — 1865. pp. 1 à 15 ; — 65 à 79 et 129 à 142.

273. — TRANSLATION DES TOMBEAUX DE CLAUDE GROULARD ET DE BARBE GUIFFARD du Palais-de-Justice à la Cathédrale de Rouen. — LA COMMISSION DES ANTI-

QUITÉS. — NOUVEAUX MEMBRES DE LA COMMISSION DES ANTIQUITÉS. — CERCUEIL DE PIERRE TROUVÉ A LAMBERVILLE. — *Noel Taillepied* et le Répertoire archéologique de l'Anjou. — *Rev. de la Norm.* 1865. pp. 123 à 128.

274. — DÉCOUVERTE DES QUATRE PREMIÈRES PIERRES DE LA CHAPELLE DES FEUILLANTS de Rouen. — SÉPULTURES CHRÉTIENNES ET CROSSES ÉPISCOPALES trouvées dans l'ancienne Cathédrale de Lisieux (grav.). — CERCUEILS DE PIERRE ET AUTRES SÉPULTURES FRANQUES trouvés à Saint-Etienne-du-Rouvray, près Rouen. *Rev. de la Norm.* 1865. pp. 180 à 186.

275. — DÉCOUVERTE DU PORTRAIT DE THOMAS BASIN. *Rev. de la Norm.* 1865. pp. 204 à 210. grav.

276. — ENCASTREMENT DE DEUX DALLES TUMULAIRES DANS LA CATHÉDRALE DE ROUEN. *Rev. de la Norm.* 1865. pp. 245 à 247.

277. — COMPTE-RENDU DE L'ESSAI SUR LA NUMISMATIQUE GAULOISE DU NORD-OUEST DE LA FRANCE, par M. E. Lambert. 2e partie. *Rev. de la Norm.* 1865. pp. 297 à 300.

Extr. des Mém. de la Soc. des Antiq. de Norm.

278. — CERCUEILS FRANCS et fragments de sculpture antique trouvés à Herqueney, près les Andelys. — INCINÉRATION GALLO-ROMAINE découverte à Quincampoix, près Rouen. — CIMETIÈRE ROMAIN de la rue Saint-Hilaire, à Rouen. *Rev. de la Norm.* 1865. pp. 314 à 318.

279. — M. R. VIAU, D'HARFLEUR. (Article nécrologique). *Rev. de la Norm.* 1865. pp. 426 à 428.

280. — CACHETTE MONÉTAIRE AU TRÉPORT. *Rev. de la Norm.* 1865. pp. 439 et 440.

281. — DÉCOUVERTES RELATIVES A L'AGE DE PIERRE. — CACHET D'OCULISTE TROUVÉ DANS LA VILLA ROMAINE DE SAINT-AUBIN-SUR-GAILLON (Eure). *Rev. de la Norm.* 1865. pp. 512 à 515.

282. — NOTICE SUR DES FOUILLES OPÉRÉES EN JUIN 1864 DANS LE VALLON DES PETITES-DALLES, commune de Saint-Martin-aux-Buneaux, canton de Cany, arrondissement d'Yvetot. *Rouen. Imprimerie de E. Cagniard, rues de l'Impératrice, 88 et des Basnages, 5.* 1865. In-8°. grav.

Titre impr. ; — Texte, pp. 3 à 11.

Extr. de la *Rev. de la Norm.* 1865, pp. 597 à 605. — Tiré à 100 exemplaires.

283. — Démolition de la Citadelle du Havre. — La Chapelle de Sainte-Elisabeth et les Lieutenants de Roi au Havre. *Rev. de la Norm.* 1865. pp. 637 à 640.

284. — Démolition de la Maison de Bernardin-de-Saint-Pierre au Havre. *Rev. de la Norm.* 1865. pp. 716 et 717.

285. — Compte-Rendu d'une Excursion pittoresque et archéologique dans les environs de Dieppe, dessins faits d'après nature et autographiés par M. André Durand. (1re et 2e livraisons). *Rev. de la Norm.* 1865. pp. 779 et 780.

286. — Un Souvenir a Bigot, fontainier de Fécamp. — Faits archéologiques observés dans la Seine-Inférieure. — Sépulture Romaine du ive siècle a Villers-Ecalles. — Cachettes Monétaires a Lammerville, près Bacqueville. *Rev. de la Norm.* 1865. pp. 781 à 783.

287. — Le Musée de Dieppe. *s. l. n. d.* (Dieppe. Emile Delevoye, imprimeur. 1865). In-8°.

Faux-titre ; — Texte, pp. 3 à 7. Il n'y a pas de Titre.

Extr. de la *Vigie de Dieppe*, du 22 décembre 1865. — Tiré à 100 exemplaires. — *Rare.* — Reproduit dans la *Rev. de la Norm.* 1866. pp. 68 à 72.

288. — NÉCROLOGIE. M. PIERRE LAMOTTE. *Dieppe. Em. Delevoye, imprimeur, s. d.* (1865). In-8° de 3 pp.

Il n'y a ni Titre ni Faux-titre.

Extr. de la *Vigie de Dieppe* du 1er décembre 1865. — *Rare.*

289. — ANTIQUITÉS FRANQUES TROUVÉES A SOMMERY (arrondissement de Neufchâtel). *Rev. Archéologique.* 1866. pp. 143 et 144.

Reproduction d'un Article du *Nouvelliste de Rouen.*

290. — DÉCOUVERTE D'UN CIMETIÈRE MÉROVINGIEN AU PETIT-APPEVILLE, près Dieppe. — COMMISSION DES ANTIQUITÉS DE LA SEINE-INFÉRIEURE. — NOMINATION DE NOUVEAUX MEMBRES. *Rev. de la Norm.* 1866. pp. 142 à 144.

291. — NOTE SUR LES FOUILLES DE DOUVREND PRÈS DIEPPE, en 1865. *Rev. Archéologique.* 1866. pp. 108 à 110.

Cette Note est parue aussi dans la *Rev. de la Norm.* 1866. pp. 197 à 200.

292. — L'ARCHÉOLOGIE DANS LA SEINE-INFÉRIEURE. — OPÉRATIONS ARCHÉOLOGIQUES ACCOMPLIES DANS LA

Seine-Inférieure du 1er juillet 1864 au 30 juin 1865. *Rev. Archéologique.* 1866. pp. 314 à 321.

Rapport au Sénateur, Préfet de la Seine-Inférieure. Voir aussi dans la *Rev. de la Norm.* 1866. *L'Archéologie dans la Seine-Inférieure en 1865.* pp. 228 à 237.

293. — Fouilles de Courcelles-lès-Semur. *Bull. de la Soc. des Sciences Historiques et Naturelles de Semur.* Semur. 1866. pp. 39 à 42.

294. — Etienne-Hubert de Cambacérès, Cardinal, Archevêque de Rouen. Extrait de l'*Armorial de l'Episcopat Français*, par Taupin d'Auge. s. l. n. d. (1866). gr. In-8° de 12 pp. — *Très rare.*

Réimprimé avec quelques Notes nouvelles dans la *Rev. de la Normandie.* 1867. pp. 197 à 215 et dans la *Rev. des Questions Historiques.* 1867. Tome II. p. 309.

295. — Les Anciens Vignobles de la Normandie. *Rouen. Imprimerie de H. Boissel, succr de A. Péron, rue de la Vicomté, 55.* MDCCCLXVI (1866). In-8°.

Faux-titre ; — Titre impr. ; — Préface, pp. 5 et 6 ; — Les Anciens Vignobles ; Première Etude, pp. 7 à 27 ; — Deuxième Etude, pp. 29 à 52.

La *première Etude* a été insérée dans le *Bulletin de la Société libre d'Emulation de Rouen.* pour l'année 1844. Reproduite la même année dans la *Rev. de Rouen* (1er semestre. pp. 338 à 354) elle a été tirée à part sous le Titre de : *Culture de la Vigne en Normandie* (c'est la réimpression textuelle). — La *deuxième Etude* a été insérée dans le même *Bulletin*. Année 1864/1865. pp. 274 à 300 et reproduite dans la *Rev. de la Norm.* 1866. pp. 685 à 703. — Tiré à 100 exemplaires. — Voir un Compte-Rendu par GUSTAVE GOUELLAIN, dans la *Rev. de la Norm.* 1866. pp. 269 à 271 et dans le *Gentleman's Magazine* de février 1867. pp. 225 à à 228. *Culture of the Vine.*

296. — SUR LES VILLES DE LA SECONDE LYONNAISE. *Congrès scientifique de France.* 32e session tenue à Rouen au mois d'août 1865. *Rouen.* 1866. In-8°. pp. 437 et 438.

297. — SUR L'EPOQUE OU LA GAULE PRIT LE NOM DE FRANCE. *Congrès scientifique de France.* 32e session tenue à Rouen au mois d'août 1865. *Rouen.* 1866. In-8°. pp. 445 et 446.

298. — SUR L'ILE D'OSCEL, lieu de refuge des Normands au IXe siècle. *Congrès scientifique de France.* 32e session tenue à Rouen au mois d'août 1865. *Rouen.* 1866. In-8°. pp. 449 à 453.

299. — SUR L'OPINION QUI ATTRIBUE AUX ANGLAIS LA CONSTRUCTION D'EGLISES EN NORMANDIE. *Congrès scientifique de France.* 32e session tenue à Rouen au mois d'août 1865. *Rouen.* 1866. In-8°. pp. 461 à 463.

300. — SUR UNE SÉPULTURE ROMAINE TROUVÉE A LILLEBONNE (Seine-Inférieure). *Congrès scientifique de France.* 32e session tenue à Rouen au mois d'août 1865. *Rouen.* 1866. In-8°. pp. 482 à 484.

Voir aussi le n° suivant.

301. — MÉMOIRE SUR UNE REMARQUABLE SÉPULTURE ROMAINE TROUVÉE A LILLEBONNE (Seine-Inférieure) le 26 octobre 1864. *Rouen. Imprimerie de H. Boissel, rue de la Vicomté, 55.* MDCCCLXVI (1866). In-8°. grav. et une gravure hors texte.

Faux-titre ; — Titre impr. ; — Texte, pp. 1 à 39.

La gravure (p. 27). Plateau d'argent trouvé en octobre 1864 à Lillebonne, dans une incinération gallo-romaine du IIe siècle. Emilie P. del. et sc.

Extr. du *Précis des Travaux de l'Acad. de Rouen.* Année 1864-1865. pp. 178 à 216. Ce *Mémoire* est paru aussi dans la *Rev. de la Norm.* numéros de janvier et février 1866 et dans la *Rev. des Soc. Sav.* Tome II, pp. 148 à 166.

Ce *Mémoire* a été lu à l'*Académie de Rouen*, le 23 décembre 1864.

302. — NOTE SUR LES PORTS ET HAVRES DANS L'ANTIQUITÉ ET AU MOYEN-AGE. *s. l. n. d.* (Paris. Imprimerie Impériale. 1866). In-8°.

Note, pp. 1 à 6 ; — et 1 f. blanc. Il n'y a ni Titre ni Faux-titre.

Cette *Note* a été reproduite dans la *Rev. de la Norm.* 1867. pp. 44 à 49.

303. — NOTE SUR UNE SÉPULTURE GAULOISE TROUVÉE DANS LA BASSE FORÊT D'EU, en juin 1865. *Rouen. Imprimerie de E. Cagniard, rues de l'Impératrice, 88 et des Basnages, 5.* 1866. In-8°. grav.

Faux-titre ; — Titre impr. ; — Notice, pp. 5 à 21 ; — et 1 f. blanc.

Extr. de la *Rev. de la Norm.* 1866. pp. 281 à 298. — Tiré à 100 exemplaires. — Il y a une *deuxième édition. Paris.* 1867. Voir le n° 318.

304. — CERCUEILS DE PIERRE RÉCEMMENT DÉCOUVERTS DANS LA SEINE-INFÉRIEURE. — ANTIQUITÉS FRANQUES TROUVÉES A SOMMERY (arrond. de Neufchâtel). *Rev. de la Norm.* 1866. pp. 350 à 352.

305. — COMPTE-RENDU DE L'ANNUAIRE DE L'ARRONDISSEMENT DE DIEPPE POUR 1866 publié sous la direction de M. Revel du Perron, sous-préfet de l'arrondissement, par MM. Bérenger et J. Thieury. *Rev. de la Norm.* 1866. pp. 411 et 412.

306. — MORT DU DOCTEUR CISSEVILLE, de Forges-les-Eaux. *Rev. de la Norm.* 1866. p. 415.

307. — UNE FOUILLE D'AMATEURS DANS LE CIMETIÈRE MÉROVINGIEN DE DOUVREND. *Rev. de la Norm.* 1866. p. 542.

308. — PREMIÈRE DISTRIBUTION DU PRIX DE TRAVAIL ET DE VERTU, faite en l'Hôtel-de-Ville de Dieppe, le dimanche 26 août 1866. Rapport de la Commission. *Dieppe. Imprimerie d'Emile Delevoye, rue des Tribunaux.* 1866. In-18.

Titre impr. ; — Rapport, pp. 3 à 18 ; — Commission du Prix, pp. 19 et 20.

Le Titre de départ porte : *Rapport fait par la Commission Municipale de Dieppe sur le Prix de Travail et de Vertu fondé par M. Boucher de Perthes.*

Ce *Rapport* est paru aussi dans la *Rev. de la Norm.* 1866. pp. 598 à 605.

309. — UNE VERRIÈRE COMMÉMORATIVE DANS L'EGLISE DE SAINT-GODARD DE ROUEN. *Rev. de la Norm.* 1866. pp. 614 et 615.

310. — MM. TH. MURET, BERNARD ET AVENEL. (Nécrologie Rouennaise). *Rev. de la Norm.* 1866. pp. 683 et 684.

311. — NÉCROLOGIE ET INHUMATION DE M. L'ABBÉ VINCHENEUX, curé du Tréport. *En vente chez M. Marais, libraire à Dieppe.* (Dieppe. Emile Delevoye, imprimeur). 1866. In-8° de 8 pp. chiff.

Prix : 30 centimes.

La Couverture sert de Titre. Il n'y a pas de Faux-titre.

Extr. de la *Vigie de Dieppe*, des 20 et 23 novembre 1866.

312. — STATUE DE HENRI-LE-JEUNE DIT COURT-MANTEL, découverte à Rouen. *Rev. de la Norm.* 1866. pp. 717 à 723. Réimpr. dans la *Rev. Archéologique.* 1866. pp. 363 à 365.

313. — NOTICE DESCRIPTIVE ET CRITIQUE SUR LA NOUVELLE EGLISE DE SAINTE-MARIE DU HAVRE. *Rev. de la Norm.* 1866. pp. 724 à 727.

314. — LE BAS-RELIEF DE St-ETIENNE A LA CATHÉDRALE DE ROUEN. *Rev. de la Norm.* 1866. pp. 786 à 791.

315. — SUR LA DÉCOUVERTE DES STATUES DE RICHARD CŒUR-DE-LION ET DE HENRI-LE-JEUNE ET DU CERCUEIL DE JEAN DE LANCASTRE, DUC DE BEDFORD, dans la Cathédrale de Rouen. *Bull. de la Soc. des Antiq. de Norm.* 1866. Tom. IV. pp. 356 à 360.

316. — ANTIQUITÉS GAULOISES ET FRANQUES (urne, épée) découvertes à Sommery, en juin 1867. *Bull. de la Soc. des Antiq. de Norm.* Tom. IV. 1866. p. 594.

317. — DÉPOT DE HACHETTES EN BRONZE. *Bull. de la Soc. des Antiq. de Norm.* Tom. IV. 1866. pp. 597 et 598.

— HACHETTES TROUVÉES A GONFREVILLE-L'ORCHER. Extr. de la *Rev. de la Norm.* Juillet 1867. p. 445.

318. — NOTICE SUR UNE SÉPULTURE GAULOISE TROUVÉE DANS LA BASSE FORÊT D'EU, en juin 1865. *s. l. n. d.* (Paris. Imprimerie Impériale. 1867). In-8° de 18 pp. chiff. et 1 f. blanc. grav.

Il n'y a ni Titre ni Faux-titre.

Extr. du vol. des *Mémoires lus à la Sorbonne en 1866.* — Tiré à 100 exemplaires. — *2e Edition.* — La 1re a été publiée en 1866. — Voir le n° 303.

319. — M. EUDES DESLONGCHAMPS (nécrologie). — NOTICE SUR M. BALLIN. — LE RESPECT DES TOMBEAUX AU HAVRE. — LA STATUE DES PLANTAGENETS. *Rev. de la Norm.* 1867. pp. 119 à 126.

320. — DÉMOLITION DE MAISONS HISTORIQUES A ROUEN ET A BURES. — CACHETTE ROMAINE A FRESNOY-FOLNY, PRÈS LONDINIÈRES. *Rev. de la Norm.* 1867. pp. 193 à 196.

321. — DALLES TUMULAIRES DÉCOUVERTES DANS L'EGLISE SAINT-JACQUES. *Rev. Archéologique.* 1867. p. 153. — Extr. de la *Vigie de Dieppe.*

Cette Note a été reproduite dans la *Rev. de la Norm.* 1867. pp. 308 et 309.

322. — L'ARCHÉOLOGIE DANS LA SEINE-INFÉRIEURE. OPÉRATIONS ARCHÉOLOGIQUES ACCOMPLIES DANS LA SEINE-INFÉRIEURE du 1er juillet 1865 au 30 juin 1866. *Rev. Archéologique.* 1867. pp. 194 à 203.

Voir aussi dans la *Rev. de la Norm.* 1867. *L'Archéologie dans la Seine-Inférieure en 1866*, pp. 139 à 154.

323. — M. MATHON ET LE MUSÉE DE NEUFCHATEL. *Rev. de la Norm.* 1867. pp. 317 et 318.

324. — M. TAILLANDIER. — M. JULES THIEURY. — M. ANDRÉ DURAND (articles nécrologiques). *Rev. de la Norm.* 1867. pp. 430 à 437.

325. — MOULES DE HACHES ET DE LANCES EN BRONZE, TROUVÉS A GONFREVILLE-L'ORCHER, près Harfleur. *Rev. Archéologique.* 1867. pp. 231 et 232.

Cette Notice a été reproduite dans la *Rev. de la Norm.* Voir le n° suivant.

326. — CERCUEILS FRANCS DÉCOUVERTS A MONTIVILLIERS. — MOULES DE HACHES ET DE LANCES EN BRONZE TROUVÉS A GONFREVILLE-L'ORCHER, près Harfleur. *Rev. de la Norm.* 1867. pp. 443 à 446.

327. — NOTE SUR TROIS CERCUEILS DE PLOMB TROUVÉS A DIEPPE EN 1866. *Rouen. Imprimerie de E. Cagniard, rues de l'Impératrice, 88 et des Basnages, 5.* 1867, In-8°. grav.

Faux-titre ; — Titre impr. ; — Note, pp. 5 à 16.

Extr. de la *Rev. de la Norm.* Tome VI. pp. 631 à 636. – Tiré à 100 exemplaires. — Paru aussi dans la *Rev. Archéologique.* Tome XIV. pp. 322 à 327 et dans la *Rev. de l'Art Chrétien.* 1866. pp. 490 à 498.

328. — NOTE SUR UN BRACELET EN BRONZE TROUVÉ A CAUDEBEC-LÈS-ELBEUF EN 1865. *Rouen. Imprimerie de E. Cagniard, rues de l'Impératrice, 88 et des Basnages, 5.* 1867. In-8°. grav.

Titre impr. ; — Note, pp. 3 à 7. Il n'y a pas de Faux-titre.

Extr. de la *Rev. de la Norm.* Tome VII. pp. 289 à 293. — Cette Note est parue aussi dans la *Rev. Archéologique.* 1867. pp. 297 à 299.

329. — LE TOMBEAU DE SAINTE-HONORINE A GRAVILLE, près le Havre. *Rouen. Imprimerie de E. Cagniard, rues de l'Impératrice, 88 et des Basnages, 5.* 1867. In-8°. grav.

Faux-titre ; — Titre impr. ; — Texte, pp. 5 à 30 ; — et 1 f. blanc.

Extr. de la *Rev. de la Norm.* Tome VII. pp. 265 à 280 et 346 à 354. — Tiré à 150 exemplaires. — Voir un *Compte-Rendu* par Brianchon, dans la *Rev. de la Norm.* 1867. pp. 906 à 913.

330. — Compte-Rendu de l'Annuaire du Département de l'Eure (années 1862 à 1867), par M. l'abbé Lebeurier, archiviste de l'Eure. *Rev. de la Norm.* 1867. pp. 488 à 497.

331. — Compte-Rendu de la Carte archéologique du Département du Tarn aux époques Anté-Historique, Gauloise, Romaine et Franque, dressée pour Sa Majesté Napoléon III, par M. A. Caraven, correspondant du Ministère de l'Instruction publique, Membre de plusieurs Académies et Sociétés savantes, et publiée sous les auspices de M. l'abbé Cochet, de l'Institut et auteur de la « *Carte Archéologique de la Seine-Inférieure* ». *Rev. de la Norm.* 1867. pp. 502 et 503.

332. — Vase acoustique et Cœurs en plomb découverts dans l'Eglise Saint-Laurent-de-Brèvedent. *Rev. de la Norm.* 1867. pp. 505 à 507. — *Cet Article n'est pas signé.*

333. — M. l'abbé Cholet, curé d'Allouville (article nécrologique). — L'Inscription tumulaire de M. l'abbé Pintaud. — La nouvelle Eglise de Sanvic. — Incendie de l'Eglise d'Auffay. — Découvertes faites a Ancourt, près Dieppe, en 1867. — Récompense

ACCORDÉE DANS LE CONCOURS OUVERT A LA SORBONNE, en 1867, à M. DE REVEL, ancien sous-préfet de Dieppe, et à M. DE GAUCOURT, juge de paix de Saint-Saens. *Rev. de la Norm.* 1867. pp. 564 à 574.

334. — TOMBEAUX DU ROI HENRI-COURT-MANTEL ET DU DUC DE BEDFORD A LA CATHÉDRALE DE ROUEN. *Rouen. Imprimerie E. Cagniard, rues de l'Impératrice, 88 et des Basnages, 5.* 1867. In-8°. grav. dont une hors texte.

Faux-titre ; — Titre impr. ; — Découverte du Tombeau et de la Statue de Henri-Court-Mantel, pp. 5 à 12 ; — Notice sur la découverte du Tombeau de Bedford, pp. 13 à 24.

La grav. (p. 5). On lit comme légende : *Statue Sépulcrale du roi Henri le Jeune dit Court-Mantel*, trouvée le 17 octobre 1866, *dans le Sanctuaire de la Cathédrale de Rouen.*

Extr. de la *Rev. de la Norm.* 1866. pp. 717 à 723 et 1867. pp. 847 à 858. — Tiré à 100 exemplaires. — Paru aussi dans la *Rev. des Soc. Sav.* 1867. pp. 544 à 559 ; — Voir dans le *Bull. de la Con des Antiq. de la Seine Infre*. 1868. *Découverte du Tombeau et de la Statue de Henri-Court-Mantel*, etc., pp. 93 à 102. Grav. et *Notice sur la découverte et la visite du Tombeau de Bedford*, etc. pp. 103 à 115 ; et dans le *Bull. de la Soc. des Antiq. de Norm.* Tome IV. *Note sur la découverte du Tombeau de Bedford*, etc., pp. 639 à 642.

335. — DÉCOUVERTES A AVESNES PRÈS GOURNAY. *Rev. Archéologique.* 1867. pp. 64 à 66.

336. — COMPTE-RENDU DES OUVRAGES SUIVANTS : HISTOIRE DU CHATEAU ET DES SIRES DE SAINT-SAUVEUR-

LE-VICOMTE, suivi de pièces justificatives, par M. LÉOPOLD DELISLE. Valognes. 1867. — HISTOIRE DE CINQ VILLES ET DE TROIS CENTS VILLAGES, hameaux et fermes, par ERNEST PHAROND. — NOTICE SUR QUELQUES ENFANTS DU HAVRE qui ont illustré leur pays soit par leurs actes, soit par leurs écrits, ou des nouveaux noms à donner aux rues du Havre, par M. CH. VESQUE. *Rev. de la Norm.* 1867. pp. 830 à 840.

337. — UNE INSCRIPTION CHRÉTIENNE DES CATACOMBES RETROUVÉE A EVREUX. *Rev. de la Norm.* 1867. pp. 844 à 846.

338. — ANTIQUITÉS GAULOISES ET FRANQUES DÉCOUVERTES A SOMMERY, en juin 1867. — INSCRIPTION COMMÉMORATIVE SUR LA MAISON DE SAINTE-BEUVE, à Paris. *Rev. de la Norm.* 1867. pp. 920 à 922.

339. — RAPPORT ANNUEL A MONSIEUR LE SÉNATEUR, PRÉFET DE LA SEINE-INFÉRIEURE, sur les Opérations archéologiques de son Département, pendant l'année administrative allant du 1er juillet 1866 au 30 juin 1867. *Bull. de la Con des Antiq. de la Seine-Inf.* 1868. pp. 74 à 92.

Ce *Rapport* a été reproduit dans la *Rev. Archéologique*. 1868. pp. 33 à 45. *Voir aussi* dans la *Rev. de la Norm.* 1868. *L'Archéologie dans la Seine-Inférieure en 1867*. pp. 193 à 209.

340. — NOTICE SUR DES ANTIQUITÉS MÉROVINGIENNES DÉCOUVERTES EN 1866 A AVESNES, près Gournay-en-Bray. *Evreux, de l'Imprimerie d'Auguste Hérissey.* MDCCCLXVIII (1868). In-8°. grav.

Faux-titre ; — Titre impr. ; — Dédicace : A Madame la Comtesse de La Châtre, née de Montmorency, 1 f. n. chiff. ; — Notice, pp. 7 à 24. — Tiré à 100 exemplaires.

Voir aussi dans le *Bull. de la Con des Antiq. de la Seine-Inférieure.* 1868. *Antiquités Franques découvertes en 1866, à Avesnes, près Gournay-en-Bray,* pp. 157 à 171. grav.

341. — COMPTE-RENDU DES OUVRAGES SUIVANTS : DESCRIPTION DE L'INCENDIE DE L'EGLISE D'AUFFAY (dans la nuit du 3 au 4 octobre 1867) suivie d'une Notice historique sur ce monument, par M. I. MARS. — LA SEMAINE RELIGIEUSE DU DIOCÈSE DE ROUEN. *Rev. de la Norm.* 1868. pp. 115 à 119.

342. — SECOURS ACCORDÉS AUX MONUMENTS HISTORIQUES DE LA SEINE-INFÉRIEURE. *Rev. de la Norm.* 1868. pp. 126 à 128.

343. — CACHETTES MONÉTAIRES DU MOYEN-AGE AU VAUDREUIL (Eure) ET A BERTRIMONT (Seine-Inférieure). — ANTIQUITÉS FRANQUES DÉCOUVERTES A SOMMERY, en mars 1868. *Rev. de la Norm.* 1868. pp. 186 à 188.

344. — Note sur le Cimetière franc de Criel, canton d'Eu, arrondissement de Dieppe (Seine-Inférieure), découvert et exploré en 1866. *Bull. de la C*on *des Antiq. de la Seine-Inférieure*. 1868. pp. 116 à 124. grav.

345. — Note sur des Fouilles archéologiques faites a Héricourt-en-Caux (Seine-Inférieure). *Rouen. Imprimerie de E. Cagniard, rues de l'Impératrice, 88 et des Basnages, 5*. 1868. In-8°. grav.

Titre impr. ; — Texte, pp. 3 à 11.

Extr. de la *Rev. de la Norm.* 1868. pp. 428 à 435. — Tiré à 100 exemplaires. — Cette *Note* est parue aussi dans la *Rev. Archéologique*. 1868. pp. 217 à 219, et dans le *Bull. de la C*on *des Antiq. de la Seine-Inf.* 1869. pp. 284 à 294.

346. — Encastrement des Dalles tumulaires a Bosc-Bérenger et a Héricourt-en-Caux. *Rev. Archéologique*. 1868. pp. 368 et 369.

347. — Dissertation sur le Tombeau de Sainte-Honorine, découvert à Graville, près le Havre, en 1867. *Bull. de la C*on *des Antiq. de la Seine-Inf.* 1868. pp. 125 à 156. grav.

Cette Notice n'est pas signée.

348. — La Chapelle et le Tombeau de Longueil à Saint-Jacques de Dieppe. — Découverte du Caveau sépulcral des Guilbert de Rouville, à Saint-Jacques de Dieppe. *Rev. de la Norm.* 1868. pp. 256 à 259.

Paru aussi dans la *Rev. Archéologique*. 1868. pp. 465 à 467.

349. — M. Léon Fallue. (Article nécrologique). *Rev. de la Norm.* 1868. pp. 296 à 300.

350. — Rétablissement des Tombeaux et Restauration des Statues sépulcrales des Plantagenets dans la Cathédrale de Rouen. *Rev. de la Norm.* 1868. pp. 383 et 384.

351. — La Mort de Mme Victor-Hugo. *Rev. de la Norm.* 1868. pp. 473 et 474.

352. — Antoine Vechte, sculpteur français. *Rev. de la Norm.* 1868. pp. 568 à 572.

353. — Inscription commémorative placée dans l'Eglise de Saint-Laurent-de-Brèvedent. — Encastrement de Dalles tumulaires a Bosc-Bérenger et a

Héricourt-en-Caux. — Démolition de l'ancien Couvent des Ursulines a Dieppe. *Rev. de la Norm.* 1868. pp. 581 à 584.

354. — Le Chateau d'Arques acheté par le Gouvernement. *Rev. de la Norm.* 1868. pp. 642 et 643.

355. — Antiquités découvertes a Caudebec-lès-Elbeuf. *Rev. de la Norm.* 1868. pp. 712 et 713.

Voir aussi dans le *Bull. de la Con des Antiq. de la Seine-Inf.* 1869. *Caudebec-lès-Elbeuf. – Découvertes. Rapport adressé à M. le Sénateur, Préfet sur les fouilles exécutées.* pp. 255 à 259.

356. — Catalogue du Musée d'Antiquités de Rouen. *Rouen. Chez tous les Libraires et chez le Concierge du Musée.* (Dieppe. Emile Delevoye, imprimeur. 1868). In-8o.

Titre impr. ; — Dédicace : A Monsieur le baron E. Le Roy, Sénateur, Préfet de la Seine-Inférieure, 1 f. n. chiff. ; — Préface, pp. v à xvi ; — Catalogue, pp. 1 à 132 ; — Tableau des noms de Potiers Romains qui se voient dans le Musée de Rouen, pp. 133 et 134 ; — Supplément ; — Additions et Corrections, pp. 135 à 144 ; — Liste des personnes qui ont donné au Musée des Objets d'Art, etc., pp. 145 à 150 ; — Table chronologique des Objets que renferme le Musée, p. 151 ; — Table des Matières, pp. 153 à 159.

Tiré à 700 exemplaires. — *Rare.* — Il y a eu une seconde édition en 1875. Voir le no 412.

ETRETAT, etc. *Dieppe. Delevoye.* 1869. Voir le n° 83.

357. — RAPPORT ANNUEL A MONSIEUR LE SÉNATEUR, PRÉFET DE LA SEINE-INFÉRIEURE sur les Opérations archéologiques de son département, pendant l'année administrative 1867-1868. *Bull. de la Con des Antiq. de la Seine-Inf.* 1869. pp. 265 à 283.

Ce *Rapport* a été reproduit dans la *Rev. Archéologique.* 1869. pp. 186 à 198.

358. — QUATRIÈME DISTRIBUTION DU PRIX DE TRAVAIL ET DE VERTU faite en l'Hôtel-de-Ville de Dieppe le jeudi 12 avril 1869. Rapport de la Commission. *Dieppe. Imprimerie d'Emile Delevoye, rue des Tribunaux.* 1869. In-18.

Titre impr. ; — Rapport, pp. 3 à 15.

Le Titre de départ porte : *Rapport fait par la Commission Municipale de Dieppe sur le Prix de Travail et de Vertu fondé par M. Boucher de Perthes.*

359. — NOTE SUR LES CHARNIERS EN NORMANDIE. *Bull. de la Con des Antiq. de la Seine-Inf.* 1869. pp. 332 à 336.

360. — ETUDES SUR LES FOSSES DE NOS FORÊTS. — FOUILLES DE FOSSES DANS LA FORÊT D'EU. *Bull. de la Con des Antiq. de la Seine-Inf.* 1869. pp. 337 à 344. grav. — *(Fouilles en Octobre 1868).*

361. — Découvertes faites aux anciens Dominicains de Rouen, en 1869. *Rev. Archéologique*. 1869. pp. 224 à 230.

362. — Exploration de Maisons Romaines dans la Forêt d'Eawy (Seine-Inférieure). *Rev. Archéologique*. 1869. pp. 362 à 364. Voir aussi le n° 373.

363. — Antiquités Mérovingiennes découvertes a Nesle-Hodeng, en octobre 1869. *Rev. Archéologique*. 1869. pp. 441 à 444.

364. — Lettre sur les Confessionnaux au Moyen-Age. *s. l. n. d.* (Arras. Typ. V. Rousseau-Leroy. 1869). In-8° de 8 pp. chiff. grav.

Sans Titre ni Faux-titre.

Cettre lettre est parue aussi dans le *Bull. Monum.* 1871. pp. 51 à 56.

La *Society of Antiquaries* a donné communication à ses Membres de la *Lettre* ci-dessus. La traduction en a été faite par le secrétaire.

365. — A Letter on the Confessionals of the middle Ages. (From the Proceedings of the Society of Antiquaries. 23 déc. 1869). In-8° de 5 pp. chiff. — *Très rare.*

366. — BIBLIOGRAPHIE NORMANDE. M. L'ABBÉ COCHET. Liste de ses Ouvrages. *s. l. n. d.* (Dieppe. Emile Delevoye, imprimeur. 1869). In-8° de 15 pp. chiff. — *Rare.*

367. — MÉMOIRE SUR LES CERCUEILS DE PLOMB DANS L'ANTIQUITÉ ET AU MOYEN-AGE. Première partie. *Rouen. Imprimerie de Henry Boissel, rue de la Vicomté, 55.* 1869. In-8°. grav.

Faux-titre ; — Titre impr. ; — Des Cercueils de plomb, pp. 3 à 47.

Extr. du *Précis de l'Acad. de Rouen.* 1868/1869. pp. 285 à 329. — Tiré à 100 exemplaires. — Pour la deuxième partie voir le n° 375.

368. — NOTE RELATIVE AU CERCUEIL DU CARDINAL CAMBACÉRÈS. *Bull. de la C^on des Antiq. de la Seine-Inf.* 1870. pp. 351 et 352.

369. — ROUEN. CIMETIÈRE SAINT-GERVAIS. CERCUEILS MÉROVINGIENS. LETTRE A MONSIEUR LE MAIRE DE ROUEN. *Bull. de la C^on des Antiq. de la Seine-Inf.* 1870. pp. 400 à 403.

370. — RAPPORT ANNUEL A MONSIEUR LE SÉNATEUR, PRÉFET DE LA SEINE-INFÉRIEURE, sur les Opérations archéologiques de son département pendant l'année

administrative 1868-1869. *Bull. de la* C^{on} *des Antiq. de la Seine-Inf.* 1870. pp. 412 à 430. grav.

Ce *Rapport* a été reproduit dans la *Rev. Archéologique.* 1870. pp. 73 à 86.

371. — DALLES TUMULAIRES ET INSCRIPTIONS SUR PLOMB, TROUVÉES EN 1869, AUX ANCIENS DOMINICAINS DE ROUEN. *Bull. de la* C^{on} *des Antiq. de la Seine-Inf.* 1870. pp. 431 à 441. grav.

372. — FOUILLES D'UN CIMETIÈRE FRANC FAITES A NESLE-HODENG, près Neufchâtel-en-Bray, en octobre 1869. *Bull. de la* C^{on} *des Antiq. de la Seine-Inf.* 1870. pp. 442 à 449. grav.

373. — EXPLORATION DE MAISONS ROMAINES DANS LA FORÊT D'EAWY. *Bull. de la* C^{on} *des Antiq. de la Seine-Inf.* 1870. pp. 450 à 457.

Cette Forêt se trouve sur le territoire des Ventes-Saint-Rémy.

374. — LA MOSAIQUE DE LILLEBONNE. *Rev. Archéologique.* 1870. pp. 332 à 338. — Voir aussi les n°s 384 et 385.

375. — Mémoire sur les Cercueils de plomb dans l'Antiquité et au Moyen-Age. Deuxième partie. *Rouen. Imprimerie de H. Boissel, succ[r] de A. Péron, rue de la Vicomté, 55.* 1870-1871. In-8°. grav.

Faux-titre ; — Titre impr. ; — Texte (Moyen-Age), pp. 49 à 100.

Extr. du *Précis de l'Académie de Rouen.* 1869/1870. pp. 187 à 238. — Pour la première partie voir le n° 367.

376. — L'Evêque d'Orkney et les Commissaires Ecossais a Dieppe en 1558. *Rev. Archéologique.* 1870-1871. pp. 40 à 43.

377. — Cachette monétaire découverte a la Crique (arrondissement de Dieppe) en 1870. *Rev. Archéologique.* 1870-1871. pp. 131 et 132.

378. — Etretat. La Tour du Rivage. *Bull. de la C[on] des Antiq. de la Seine-Inf.* 1871. pp. 13 à 16.

Cette Tour a été démolie en 1869.

379. — Bois-l'Evêque. — Ancien Prieuré de Beaulieu. — Fouilles. *Bull. de la C[on] des Antiq. de la Seine-Inf.* 1871. pp. 36 à 40.

380. — RAPPORT ANNUEL A MONSIEUR LE SÉNATEUR, PRÉFET DE LA SEINE-INFÉRIEURE, sur les opérations archéologiques de son département, pendant l'année administrative 1869-1870. *Bull. de la C^on des Antiq. de la Seine-Inf.* 1871. pp. 67 à 96. grav.

Ce *Rapport* a été reproduit dans la *Rev. Archéologique* 1870-1871. pp. 304 à 324.

381. — NOTICE SUR DEUX FIBULES SCANDINAVES, trouvées à Pitres (Eure), en 1865 et entrées au Musée de Rouen. *Rouen. Imprimerie de H. Boissel, succ^r de A. Péron, rue de la Vicomté, 55.* 1871. In-8°. grav.

Titre impr. ; — Texte, pp. 3 à 16.

Extr. du *Précis de l'Acad. de Rouen.* 1869/1870. pp. 408 à 420.

382. — SIXIÈME DISTRIBUTION DU PRIX DE TRAVAIL ET DE VERTU fait en l'Hôtel-de-Ville de Dieppe le dimanche 10 septembre 1871. Rapport de la Commission. *Dieppe. Imprimerie d'Emile Delevoye, rue des Tribunaux.* 1871. In-18.

Titre impr. ; — Rapport, pp. 3 à 18.

Le Titre de départ porte : *Rapport fait par la Commission Municipale de Dieppe sur le Prix de Travail et de Vertu fondé par M. Boucher de Perthes.*

383. — LES PORCHES DES EGLISES DE LA SEINE-INFÉRIEURE à propos du Porche de Bosc-Bordel près Buchy. *Dieppe. Imprimerie d'Emile Delevoye, rue des Tribunaux, 7.* 1871. In-8° avec une grav. hors texte.

Faux-titre ; Titre impr. ; — Les Porches, pp. 5 à 16.

La Gravure qui est à la fin a pour légende : *Porche de Bosc-Bordel* (XVIe siècle). *Canton de Buchy. Arrondissement de Rouen.* — *Réimprimé* dans le *Bull. de la C[on] des Antiq. de la Seine-Inférieure.* 1871. pp. 97 à 108 (la même Gravure existe). — Dans le *Bull. de la Soc. des Antiq. de Norm.* 1874. pp. 137 à 148. Voir aussi dans le *Bull. Monum.* 1872. *Les porches d'Eglises dans le diocèse de Rouen.* pp. 165 à 177.

384. — LA MOSAIQUE DE LILLEBONNE. *Bolbec. Imprimerie Commerciale de E. Valin, rues aux Moules et Piednoel.* 1871. In-16.

Prix : 25 centimes.

Faux-titre ; on lit au verso : Extrait du *Journal de Bolbec* du 16 avril 1870 ; — Titre imp. ; — Texte, pp. 1 à 15.

385. — *Dito.* — *Bolbec. Imprimerie Administrative et Commerciale de I. Dussaux, rues aux Moules et Piednoel.* 1879. In-8° avec 1 pl. hors texte.

Titre impr. ; — Texte, pp. 3 à 11.

La planche (p. 3), représente *La Mosaïque de Lillebonne.* Phot. Witz et Cie, Rouen.

Réimpression du numéro précédent.

386. — NOTE SUR DES SÉPULTURES ANTIQUES, TROUVÉES AU HAVRE EN 1870 ET EN 1871. *Bull. de la Con des Antiq. de la Seine-Inf.* 1871. pp. 109 à 123. grav. et une lithog. en couleur hors texte ; on lit comme légende : *Vase en terre rouge Sigillée. Groupe de Vénus.* — A. Devaux, lith. — Imp. A. Mignot, Havre. — Dans le haut à gauche : Sépultures Gallo-Romaines du Havre.

Cette Note est l'analyse d'un Rapport paru dans le *Recueil des Publications de la Soc. Havraise d'Etudes diverses.* 1870. *Les Sépultures Gallo-Romaines du Havre.* pp. 63 à 82, avec deux lith. en couleur hors texte.

387. — RAPPORT ANNUEL A MONSIEUR LE PRÉFET DE LA SEINE-INFÉRIEURE, sur les Opérations archéologiques de son département, pendant l'année administrative 1870-1871. *Bull. de la Con des Antiq. de la Seine-Inf.* 1872. pp. 206 à 215.

388. — FOUILLES DE NEUVILLE-LE-POLLET, PRÈS DIEPPE. *Rev. Archéologique.* 1872. pp. 330 et 331 et 387 et 388.

389. — NOTICE SUR DES SÉPULTURES CHRÉTIENNES TROUVÉES EN MARS 1871 A SAINT-OUEN DE ROUEN. *Caen, chez F. Le Blanc-Hardel, imprimeur-libraire, rue Froide, 2 et 4.* 1872. In-4o. grav. et 3 pl. hors texte.

1 f. blanc ; — Titre impr. ; — Notice, pp. 3 à 33 ; — 3 planches et 1 f. blanc.

On lit en tête des trois planches : *Fouilles des Jardins de Saint-Ouen de Rouen en 1871.*

Pl. I. Sépultures Capétiennes du XIe au XIIIe siècle. 1re et 2e Couche de Cerceuils (*sic*).

Pl. II. Sépultures Carlovingiennes des IXe et Xe siècles.

Pl. III. Sépultures Mérovingiennes des VIIe et VIIIe siècles.

On lit au-dessous (pour les 3 pl.) : *Grille du Jardin de St-Ouen de Rouen. — Nef de l'Eglise de St-Ouen de Rouen.* — Extr. des *Mém. de la Soc. des Antiq. de Normandie.* Tom. XXVIII. pp 482 à 512. Cette Notice a été réimprimée dans le *Bull. de la C^on^ des Antiq. de la Seine-Inf.* 1872. pp. 216 à 257. grav. — Dans le *Bull. Monum.* 1871. pp 353 à 367 ; — et dans la *Rev. Archéologique.* 1873. pp. 1 à 17 et 86 à 100. grav. — Voir aussi le n° suivant.

390. — NOTICE SUR UN CIMETIÈRE CHRÉTIEN ALLANT DU VIIe AU XVe SIÈCLE. Exploré à Saint-Ouen de Rouen en mars 1871. *Dieppe. Imprimerie d'Emile Delevoye, rue des Tribunaux, 7.* 1872. In-8°. grav.

Faux-titre ; — Titre impr. ; — Texte, pp. 5 à 46.

Cette Notice est la reproduction exacte du n^e^ précédent. Les grav. dans le texte sont les mêmes, seules, les grav. hors texte sont supprimées.

391. — SEPTIÈME DISTRIBUTION DU PRIX DE TRAVAIL ET DE VERTU faite en l'Hôtel-de-Ville de Dieppe, le dimanche 27 octobre 1872. Rapport de la Commission. *Dieppe. Imprimerie d'Emile Delevoye, rue des Tribunaux.* 1872. In-18.

Titre impr. ; — Rapport, pp. 3 à 29 ; — et 1 f. blanc.

Le Titre de départ porte : *Rapport fait par la Commission Municipale de Dieppe sur le Prix de Travail et de Vertu fondé par M. Boucher de Perthes.*

392. — UNE PIERRE LIMITE DE L'ABBAYE DE SAINT-OUEN. *Bull. de la Con des Antiq. de la Seine-Inf.* 1872. pp. 273 à 276.

Cette *Notice* a été reproduite dans le *Bull. de la Soc. des Antiq. de Norm.* 1874. pp. 161 à 166.

393. — FORÊT DE ROUMARE SUR SAINT-MARTIN-DE-BOSCHERVILLE. — FOUILLES. — ROUEN. FOUILLES DANS LA CRYPTE DE SAINT-GERVAIS. *Bull. de la Con des Antiq. de la Seine-Inf.* 1872. pp. 310 à 314. grav.

394. — FRAGMENT D'UN MÉMOIRE LU A L'ACADÉMIE DES INSCRIPTIONS SUR LA MOSAIQUE GALLO-ROMAINE DE LILLEBONNE. *Bull. Monum.* 1872. pp. 111 à 124. grav.

395. — RAPPORT ANNUEL A MONSIEUR LE PRÉFET DE LA SEINE-INFÉRIEURE, sur les Opérations archéologiques de son département, pendant l'année administrative 1871-1872. *Bull. de la Con des Antiq. de la Seine-Inf.* 1873. pp. 367 à 391. grav.

Ce *Rapport* a été reproduit dans la *Rev. Archéologique.* 1873. pp. 114 à 123 et 144 à 152.

396. — Fouilles a Eu. Exploration de la Villa Romaine d'Augusta. *Bull. de la Con des Antiq. de la Seine-Inf.* 1873. pp. 426 à 433. grav.

397. — Fouilles du Bois-l'Abbé, a Eu. *Rev. Archéologique.* 1873. pp. 59 et 60.

398. — Rapport annuel a M. le Préfet de la Seine-Inférieure, sur les Opérations Archéologiques de son département, pendant l'année administrative 1872-1873. *Bull. de la Con des Antiq. de la Seine-Inf.* 1874. pp. 101 à 111.

Ce *Rapport* a été reproduit dans la *Rev. Archéologique.* 1874. pp. 53 à 61.

399. — Fouilles d'une Villa Romaine a Saint-Martin-Osmonville (Seine-Inférieure). *Bull. de la Con des Antiq. de la Seine-Inf.* 1874. pp. 126 à 132.

400. — Une Découverte Archéologique a Saint-Saens. *Bull. de la Con des Antiq. de la Seine-Inf.* 1874. pp. 133 à 138. grav.

401. — Sur des Sarcophages du viie au xve siècle trouvés dans le Cimetière de l'Abbaye de Saint-

OUEN A ROUEN. *Bull. de la Soc. des Antiq. de Norm.* p. 160.

402. — TRÉSOR ROMAIN DE CAILLY (Seine-Inférieure). *Rev. Archéologique.* 1874. pp. 195 et 196.

Extrait du *Nouvelliste de Rouen.* — Réimprimé dans le *Bull. de la Société des Antiq. de Norm.* p. 142.

403. — LETTRE DE L'ABBÉ COCHET, RELATIVE AU THÉATRE ROMAIN DE SAINT-ANDRÉ-SUR-CAILLY. *Bull. de la Soc. des Antiq. de Norm.* 1874. pp. 159 et 160.

404. — LES FOUILLES D'ÉPOUVILLE. *Rev. Archéologique.* 1874. pp. 330 et 331. — Réimpr. dans le *Bull. de la Soc. des Antiq. de Norm.* 1875. pp. 145 à 147.

Sépultures Mérovingiennes.

405. — UN FOUR A BRIQUES ROMAINES. (Arrondissement de Dieppe). *Revue Archéologique.* 1874. pp. 269 et 270.

Le 1er trouvé en 1872, sur le territoire d'Incheville ; le 2me trouvé dans la commune de Notre-Dame-d'Aliermont. — Voir aussi les deux nos suivants.

406. — Un Four a Briques Romaines (découvert à Notre-Dame-d'Aliermont. — Seine-Inférieure). *Ann. des 5 Départ. de l'Ancienne Normandie.* 1875. pp. 457 à 459.

407. — Un Four a Briques Romaines (à Incheville. — Seine-Inférieure). *Bull. de la Soc. des Antiq. de Norm.* Tom. VII. 1875. pp. 148 à 150.

408. — Découvertes Romaines (objets en bronze) à Incheville, près Eu. *Bull. de la Soc. des Antiq. de Norm.* Tom. VII. 1875. pp. 290 et 291.

409. — Neuvième Distribution du Prix de Travail et de Vertu. Faite à la Salle des Bains chauds, le vendredi 14 août 1874. Rapport de la Commission. *Dieppe. Imprimerie d'Emile Delevoye, rue des Tribunaux.* 1874. In-18.

Titre impr. ; — Rapport, pp. 3 à 14.

Le Titre de départ porte : *Rapport fait par la Commission Municipale de Dieppe sur le Prix de Travail et de Vertu fondé par M. Boucher de Perthes.*

410. — Rouen. Cercueils Romains en pierre et en plomb, a Saint-Hilaire. *Bull. de la Comm. des Antiq. de la Seine-Inf.* 1875. Tom. III. pp. 207 à 209.

411. — Rapport annuel a M. le Préfet de la Seine-Inférieure, sur les Opérations archéologiques de son département, pendant l'année administrative 1873-1874. *Bull. de la Comm. des Antiq. de la Seine-Inf.* 1875. Tom. III. pp. 260 à 284.

Ce *Rapport* a été reproduit dans la *Rev. Archéologique*. 1875. pp. 137 à 153.

412. — Catalogue du Musée d'Antiquités de Rouen. *Rouen. Chez tous les Libraires et chez le Concierge du Musée.* (Rouen. Imp. Typ. E. Benderitter, rue Ganterie, 16). 1875. In-8°.

Titre impr. ; — Préface, pp. III à XVII ; — Catalogue, pp. 1 à 181 ; — Tableau des Noms de Potiers Romains qui se voient dans le Musée de Rouen, pp. 182 et 183 ; — Table chronologique des objets que renferme le Musée, p. 184 ; — Liste des personnes qui ont donné au Musée des objets d'art, etc., pp. 185 à 193 ; — 1 f. blanc ; — Table des Matières, pp. 196 à 204.

Deuxième édition de ce Catalogue. — Tiré à 500 exemplaires. — La première édition a été publiée en 1868. Voir le n° 356.

413. — Notice sur M. Deville. *Bull. de la Comm. des Antiq. de la Seine-Inf.* 1877. Tom. IV. 2e livraison. pp. 137 à 147.

On lit ce qui suit dans ledit *Bulletin*, p. 134. « M. Gouellain *a retrouvé dans les papiers de M. l'abbé Cochet une Notice préparée par lui sur son prédécesseur à la conservation du Musée des Antiquités, le regretté M. Deville.*

Après en avoir entendu la lecture, la Commission désireuse de conserver cet hommage rendu à un éminent archéologue, par un savant dont elle garde précieusement le souvenir, décide que cette Notice sera imprimée à la suite du procès-verbal. (Séance du 16 mars 1877).

LA MOSAIQUE DE LILLEBONNE. *Bolbec.* 1879. Voir le n° 385.

NOTICE HISTORIQUE ET DESCRIPTIVE SUR L'EGLISE PRIEURALE DE SIGY. *Rouen.* 1890. Voir le n° 101.

414. — LES VALLÉES DU LITTORAL DU HAVRE A DIEPPE. *La Normandie Littéraire.* Mars 1893. pp. 67 à 69.

En tête de ce travail on lit ce qui suit :

Ce petit Mémoire a paru le 8 juillet 1835 dans la *Gazette de Normandie.* C'est *M. l'abbé A. Tougard* qui l'a fait réimprimer. — Il en a été fait un tirage à part.

III. OUVRAGES POSTHUMES

415. — EXCURSIONS ROMANTIQUES SUR LES BORDS DE LA DURDENT ET DE LA RIVIÈRE DE FÉCAMP (mémoire inédit composé en 1833 par l'abbé J. B. D. Cochet). *Rouen. Imprimerie Nouvelle, Paul Leprêtre, rue de la Vicomté, 75.* 1887. In-8°.

Faux-titre ; — Titre impr. ; — Au Lecteur, par l'abbé A. Tougard, pp. v à VIII ; — Excursions Romantiques, pp. 9 à 23 ; — La Rivière de Fécamp, pp. 25 à 31.

Ces excursions ont été écrites par l'Abbé Cochet à l'âge de 21 ans. Au bas de la Couverture on lit : Ceci est l'ouvrage de ma jeunesse (1851).

416. — NOTICE HISTORIQUE ET ARCHÉOLOGIQUE SUR L'EGLISE DE LONGPAON DE DARNETAL. *La Normandie. Revue Mensuelle. Rouen.* 1893-1894. In-8°.

Cette *Notice* se trouve dans les n°s de novembre, pp. 145 à 149 ; — décembre, pp. 182 à 188 ; — janvier 1894, pp. 221 à 224.

Le Manuscrit se trouve *aux Archives de la Paroisse de Longpaon*, il est signé : L'ABBÉ COCHET, *inspecteur des Monuments historiques de la Seine-Inférieure, Dieppe le 25 Juillet 1853.*

IV. — OUVRAGES AYANT RAPPORT A L'ABBÉ COCHET

417. — Bordeaux (Raymond), *avocat et docteur en droit à Evreux. Membre de la Société des Antiquaires de Normandie, etc.*

Compte-Rendu. LA NORMANDIE SOUTERRAINE OU NOTICE SUR DES CIMETIÈRES ROMAINS ET DES CIMETIÈRES FRANCS EXPLORÉS EN NORMANDIE, par l'abbé Cochet, *inspecteur des Monuments historiques de la Seine-Inférieure.* Ouvrage couronné par l'Institut, en 1854. 2e édition. s. l. n. d. *(Dieppe. Emile Delevoye, imprimeur).* In-8° de 7 pp. chiff.

Sans Titre ni Faux-titre.

418. — Braquehais (Léon).

L'ABBÉ COCHET AU HAVRE, sa maison natale, hommages rendus à sa mémoire. *Rouen. Imprimerie E. Marguery et Cie. Havre. Librairie A. Bourdignon fils.*

1889. In-8°, avec un portrait de l'abbé Cochet et une vue de sa maison natale.

Faux-titre ; — Portrait ; — Titre impr. ; — L'abbé Cochet, pp. 3 à 13 ; — Bibliographie. p. 14 ; — Pièces justificatives, pp. 15 et 16.

INDICATION DES PLANCHES :

1° Au Titre : Portrait de l'abbé Cochet, grav. par Carbonneau.

2° (p. 3) : Maison natale de l'abbé Cochet, d'après le dessin de M. J. George, architecte.

419. — Brianchon.

Bibliographie. LE TOMBEAU DE CHILDÉRIC-Ier ROI DES FRANCS, restitué à l'aide de l'archéologie et des découvertes récentes faites en France, en Belgique, en Suissse. en Allemagne et en Angleterre, par M. l'abbé Cochet. *Imprimerie E. Prignet. Valenciennes.* 1860. In-8°.

Faux-titre ; — Titre impr. ; — Le Tombeau, pp. 5 à 16.

Cet écrit est daté du : *Château de Gruchet*, 19 janvier 1860.

420. — Brianchon.

Analyse du Mémoire de M. l'abbé Cochet intitulé LE TOMBEAU DE SAINTE-HONORINE A GRAVILLE, PRÈS

LE HAVRE. *Imprimerie E. Cagniard, rues de l'Impératrice, 88 et des Basnages, 5.* 1868. In-8° de 8 pp. chiff.

Il n'y a pas de Faux-titre. La Couverture sert de Titre.

Extrait de la Revue de la Normandie. Novembre 1867.

421. — Brianchon.

L'ABBÉ COCHET, sa mort, son inhumation, son monument. *Rouen. Imprimerie E. Cagniard, rues Jeanne-d'Arc, 88 et des Basnages, 5.* 1875. In-8°.

1 f. blanc : — Faux-titre : — Titre impr. : — Dédicace : Aux Amis de M. l'abbé Cochet, pp. 5 et 6 : — Sa Mort, pp. 7 à 14 : — Son Inhumation, pp. 15 à 38 : — Son Monument, pp. 39 à 46 : — Pièces justificatives, pp. 47 à 51 et 1 f. blanc.

La vignette qui est au Titre représente le Cachet de l'abbé Cochet ; il existe plusieurs vignettes dans le texte.

422. — Brianchon.

L'ABBÉ COCHET ECCLÉSIOLOGUE ET ANTIQUAIRE CHRÉTIEN. *Dieppe. Imprimerie Paul Leprêtre et Cie, Grande-Rue, 133.* 1877. In-8° avec un portrait en photog.

Faux-titre : — Portrait : — Titre impr. : — Dédicace : A Monsieur l'abbé Sauvage, Aumônier du Collège de Dieppe, 1 f. n. chiff. : — L'abbé Cochet, pp. 7 à 36.

Le Portrait se trouve en regard du Titre, on lit au-dessous : *L'abbé Cochet, à 57 ans,* d'après la photographie de E. Letellier.

423. — Brianchon.

LE MONUMENT DE L'ABBÉ COCHET. Tombeau. — Buste. — Médaille. Mémorial de la Souscription dressé par M. Brianchon, membre du Comité. *Rouen. E. Augé, libraire-éditeur, 36, rue de la Grosse-Horloge.* 1879. In-8° avec une eau-forte de M. J. Adeline et deux planches photoglyptiques.

Faux-titre ; on lit au verso : Evreux, imprimerie de Charles Herissey ; — Titre impr. ; — Dédicace : A Monsieur les Président, Vice-Président, Membres du Bureau et du Comité pour l'érection d'un monument à la mémoire de l'abbé Cochet ; — 1 f. n. chiff. ; — Introduction, pp. III à LXXXIV ; — Tombeau, pp. 1 à 24 ; — Buste, pp. 25 à 37 ; — Médaille, pp. 39 à 69 ; — Epilogue, pp. 71 à 87 ; — Pièces justificatives, pp. 89 à 144 ; — Table, 1 f. n. chiff. et 1 f. blanc.

INDICATION DES PLANCHES :

1° (p. 1). Monument de l'abbé Cochet. Cimetière monumental de Rouen, eau-forte par J. Adeline.
2° (p. 25). Buste de l'abbé Cochet par M. H. F. Iselin, statuaire.
3° (p. 39). Médaille de l'abbé Cochet par M. J. C. Chaplain, graveur.

On lit sur les deux dernières planches : *Photoglyp. Lemercier et Cie. Paris.* Elles ont été faites d'après les clichés de E. Tourtin.

424. — Caraven (Alfred).

M. L'ABBÉ COCHET élevé à la dignité de Membre correspondant de l'INSTITUT DE FRANCE (Académie des Inscriptions et Belles-Lettres) dans la séance du

17 décembre 1864. *s. l. n. d.* (Castres. V. J. Abeilhou, imp. rue des Pradals, hôtel Jauzion. 1864). In-8° de 4 pp. chiff.

Sans Titre ni Faux-titre.

Extrait de l'*Echo du Tarn.*

425. — Corblet (abbé J.).

Le Tombeau de Childéric Ier, Roi des Francs, restitué à l'aide de l'archéologie et des découvertes récentes par M. l'Abbé Cochet. pp. 1 à 7.

Sans Titre ni Faux-titre.

Extrait de la *Revue de l'Art Chrétien.*

426. — Gouellain (Gustave).

Nomination de M. l'abbé Cochet à la Conservation du Musée départemental d'Antiquités. *Rev. de la Norm.* 1867. Tom. VIII. pp. 322 et 323.

427. — Hardy (Michel).

Notice biographique sur M. l'abbé Cochet accompagnée de la nomenclature complète de ses ouvrages. *Rouen. Ch. Métérie, libraire-éditeur, rue Jeanne-d'Arc, 11.* MDCCCLXXV (1875). In-8° avec portrait.

Faux-titre ; on lit au verso : de l'Imprimerie Paul Leprêtre et Cie, Dieppe ; — Portrait ; — Titre impr. ; — Avis, 1 f. n. chiff. ; — M. l'abbé Cochet, pp. 7 à 14 ; — Notice bibliographique, pp. 15 à 24.

Le Portrait qui se trouve au Titre a été lith. par Ch. Duchesne, imp. Lemercier et Cie à Paris ; au-dessous, le fac-simile de la signature de l'abbé Cochet.

428. — Hardy (Michel).

SUR M. L'ABBÉ COCHET, Membre de l'Association Normande. *Annuaire des cinq Départements de la Normandie.* 1876. pp. 504 à 507.

429. — Herval (l'abbé).

ETUDE SUR LA NORMANDIE SOUTERRAINE de M. l'abbé Cochet. *Havre. Imprimerie Lepelletier, rue Caroline, 6.* 1857. In-8° de 8 pp. chiff.

Il n'y a pas de Faux-titre. La Couverture sert de Titre.

Extrait des Publications de la *Société Havraise d'Etudes diverses.*

430. — Laplumardie (G. G.), *ancien instituteur du degré supérieur.*

M. L'ABBÉ COCHET, inspecteur des Monuments historiques de la Seine-Inférieure, etc., etc. pp. 1 à 38.

Archives des Hommes du jour, revue mensuelle. *Paris, au Cabinet des Archives des Hommes du jour. s. d.* (Neuvième année).

431. — Loth (l'abbé Julien).

NOTICE SUR M. L'ABBÉ COCHET. *Rouen. Fleury, éditeur.* 1877. In-8°.

Faux-titre ; — Titre impr. ; — Notice, pp. 5 à 45.

432. — MONUMENT A LA MÉMOIRE DE L'ABBÉ COCHET. PROCÈS-VERBAUX DES RÉUNIONS DU COMITÉ. *Rouen. Imp. E. Cagniard.* s. d. (1875-1876). In-4° de 12 ff.

Sans Titre ni Faux-titre.

Le Bureau du Comité se composait de M. Gouellain, président ; M. d'Estaintot, vice-président ; M. l'abbé Loth, secrétaire ; M. l'abbé Tougard, secrétaire-adjoint ; M. Félix Vallois fils, trésorier.

Les Procès-Verbaux, au nombre de sept, ont tous tous été signés par M. Gouellain, président et par MM. l'abbé Loth, l'abbé Tougard et Félix Vallois fils.

Ce Recueil n'ayant été tiré que pour les *Membres du Comité* est de *toute rareté*. Il a été reproduit par M. Brianchon dans le *Monument de l'abbé Cochet.* Rouen. 1879. pp. 91 à 140.

433. — Rœssler (Charles).

ETUDE SUR L'ABBÉ COCHET. *Paris. Ed. Rouveyre, éditeur, 45, rue Jacob, 45.* 1886.

1 f. blanc ; — Faux-titre ; — Titre rouge et noir ; — Etude, pp. 5 à 64 ; — Liste des Souscripteurs, pp. 65 à 67 et 1 f. blanc.

434. — Thieury (Jules).

Le Tombeau de Childéric Ier, Roi des Francs, restitué à l'aide de l'archéologie et des découvertes récentes faites en France, en Belgique, en Suisse, en Allemagne et en Angleterre. *s. l. n. d.* (Rouen. Imp. H. Rivoire et Cie, rue St-Etienne-des-Tonneliers, 1). In-8° de 6 pp. chiff. et 1 f. blanc.

Sans Titre ni Faux-titre.

435. — Tougard (l'abbé A.).

Lettres d'érudition et de critique adressées par M. l'abbé P. Langlois auteur de l'Histoire du Mont-aux-Malades à M. l'abbé Cochet. Publiées par l'abbé A. Tougard. *Dieppe. Imprimerie Paul Leprêtre et Cie, Grande-Rue, 133.* 1880. In-8°.

Titre impr. ; on lit au verso : *Tiré à petit nombre* ; — Introduction, pp. 3 à 8 ; — Correspondance, pp. 9 à 65 ; — Notes, pp. 67 à 75 ; — 1 f. n. chiff. pour l'*Achevé d'Imprimer* le premier septembre mil huit cent quatre-vingt par *Paul Leprêtre et Cie, imprimeurs à Dieppe* et 1 f. blanc.

436. — Tougard (l'abbé A.), *professeur honoraire de troisième au Petit-Séminaire de Rouen.*

L'ABBÉ COCHET et quelques-uns de ses Correspondants. *Evreux. Imprimerie de l'Eure.* 1893. In-8°.

Titre impr. ; — Texte, pp. 3 à 76.

Extrait de la *Revue Catholique de Normandie.*

V. PRINCIPAUX JOURNAUX DANS LESQUELS SE TROUVENT DES ARTICLES DE L'ABBÉ COCHET

437. — Almanach Liturgique des Fidèles du Diocèse de Rouen

1865. — Nécrologie Diocésaine. M. l'abbé Lefebvre, curé de Saint-Sever de Rouen, pp. 41 à 53,

1867. — Notice descriptive et critique sur la nouvelle Eglise de Sainte-Marie du Havre, pp. 132 à 137.

1868. — Le cardinal Cambacérès, archevêque de Rouen, pp. 143 à 154 (Extrait).

1868. — M. l'abbé Vincheneux, curé du Tréport. Mort le 13 novembre 1866, pp. 155 à 160.

438. — Ami de la Religion

1851. — 9 Octobre. — Cimetière Mérovingien de Lucy.

439. — Bulletin d'Etretat

1859. — 28 juillet. — Etymologie du nom d'Etretat. Extrait de Etretat. 1857.

1860. — 26 juillet. — A Monsieur Brianchon, Directeur du *Bulletin d'Etretat*. — Cette lettre donne la Biographie de Jacob Venedey. — Cette Notice Biographique a été reproduite dans l'ouvrage de Jacob Venedey : Yport et Etretat, traduit par Brianchon. 1861 pp. 1 à 7.

1860. — 2 et 9 août. — A Monsieur Brianchon, Directeur du *Bulletin d'Etretat*. 1re et 2e lettres. Ces deux lettres donnent la Biographie de Pierre-François Frissard, inspecteur général des Ponts et chaussées.

1860. — 30 septembre. — Construction de l'Eglise d'Yport.

1861. — 22 août. — Voie Romaine de Lillebonne à Etretat. Extrait du XXVe vol. des *Mém. de la Soc. des Antiq. de Norm.*

1861. — 12 et 19 septembre. — Répertoire archéologique d'Etretat. Extrait du Répertoire archéologique de la Seine-Inférieure.

1862. — 11 septembre. — Profils contemporains à Etretat. L'abbé Cochet, par Brianchon, avec un portrait grav. par Carbonneau.

440. — Courrier de Dieppe

1842. — 2 août. — Bénédiction d'un Tableau de St-François-Régis, avec allocution de l'abbé Cochet. Reproduit dans la *Revue du Havre* du 13 septembre.

1842. — 9 septembre. — Fouilles du Château-Gaillard. Reproduction d'un article du *Progressif Cauchois* du 7.

1842. — 13 septembre. — Création d'un Musée des Antiquités à Etretat.

1842. — 27 décembre. — Les Salines de Bouteilles (article anonyme).

Article ayant rapport à l'abbé Cochet :

1842. — 23 mars. — Nomination de l'abbé Cochet au Collège de Rouen. Reproduction d'un article du *Journal de l'Arrondissement du Havre* avec additions.

441. — Courrier du Havre

1849. — 11 avril. — L'abbé Cochet nommé Inspecteur des Monuments historiques (en remplacement de M. A. Deville).

1852. — 8 juin. — Explorations à Etretat. Reproduit par la *Vigie* du 13 et le *Journal G[al] de l'Instruction publique* du 31 août.

442. — Courrier de S. Hyacinthe (Canada)

1873. — 27 mars. — Lettre de M. l'abbé Cochet à Le Métayer.

443. — Impartial de Rouen

1851. — 13 mars. — Fouilles d'Envermeu. Reproduction d'un article de la *Vigie de Dieppe* du 11.

444. — Journal de l'Arrondissement du Havre

1839. — 25 septembre. — Lettre sur le nombre des prêtres mis à mort pendant la Révolution. (Cet article est signé X.)

1842. — 11 septembre. — Fouilles du Château-Gaillard. Voir aussi le *Progressif Cauchois* du 7 et le *Courrier de Dieppe* du 9.

1842. — 11 décembre. — Réception de M. l'abbé Cochet à l'Académie Royale de Rouen (fragments). Signé Hervé.

1843. — 27 septembre. — Fouilles entre Etretat et Bordeaux-Saint-Clair.

1843. — 18 octobre. — De la fabrication du sel en Normandie (Analyse et courte citation à propos d'une pétition des Armateurs de Fécamp).

1844. — 1er janvier. — Société libre d'Emulation de Rouen. Séance du 15 décembre. Analyse d'un Mémoire de l'abbé Cochet, sur les salines, les vignobles, la pêche.

1867. — 7 avril. — Tombeau de Ste-Honorine à Graville.

Articles ayant rapport à l'abbé Cochet :

1840. — 1er novembre. — Départ du Havre de l'abbé Cochet. — Lettre au même journal.

1842. — 23 mars. — Nomination de l'abbé Cochet au Collège de Rouen.

445. — Journal de Bolbec

1870. — 16 avril. — La Mosaïque de Lillebonne.

1870. — 25 mars. — Note sur la Mosaïque trouvée à Lillebonne.

446. — Journal d'Elbeuf

1864. — 24 mai. — Découverte à Caudebec-lès-Elbeuf.

447. — Journal de Fécamp

1848. — 8 mars. — Le Parc aux huîtres d'Etretat. Reproduction de la *Vigie de Dieppe* du 3 mars.

1850. — 24 juillet. — Notice sur Ph.-P. Le Mettay, par Ch. Le Carpentier. (Cette notice a été communiquée par l'abbé Cochet).

1861. — . — Sépultures chrétiennes trouvées à Fécamp en 1861.

1863. — 17 janvier. — Citation d'une lettre au Maire du Havre sur des Hachettes de la Hève. Reproduction de l'*Echo du Havre* du 15 et du *Journal* et du *Nouvelliste de Rouen* du 16.

1863. — 24 janvier. — Découverte à Ancretteville.

1864. — 30 avril. — Fouilles de l'abbé Cochet à Collerville. — L. Nicolle.

1864. — 27 octobre. — Appel à l'abbé Cochet sur une découverte à Lillebonne.

448. — Journal de Graville

1851. — 19 et 22 juin. — Compte-rendu de l'ouvrage de l'abbé Lecomte, Messire de Clieu. Reproduction d'un article de la *Revue de Rouen*. Voir aussi la *Vigie de Dieppe* des 6, 10 et 13.

449. — Journal du Havre

1842. — 8 octobre. — Renseignements de l'abbé Cochet sur l'inondation d'Etretat.

450. — Journal de Neufchâtel

1848. — 23 mai et 6 juin. — Notice sur l'Eglise prieurale de Sigy.

1848. — 13 juin. — Lettre du Saint-Père à M. l'abbé Cochet.

1849. — 6, 13 et 20 février. — Notice sur l'ancienne Abbaye de Bellozane.

1849. — 3 et 24 avril, 1er, 15, 22 et 29 mai. — Le Manoir des Archevêques de Rouen sur l'Aliermont.

1849. — 30 Octobre. — Au profit de l'Eglise des Petites-Ventes.

1849. — 30 octobre, 6 et 13 novembre. — Les Eglises de l'arrondissement de Dieppe. — Eglises rurales.

1851. — 4 et 11 février. — Villas romaines et Cimetières Mérovingiens de la Seine-Inférieure.

1852. — 18 et 25 mai et Ier juin. — Note sur cinq monnaies d'or trouvées dans le Cimetière Mérovingien de Lucy, près Neufchâtel, en 1851.

1855. — 7 août et 11 septembre. — Tombeaux de la vallée de l'Eaulne. (Cet article concerne l'abbé Cochet à propos des cinq monnaies mérovingiennes de Lucy.)

1855 — 21 août. — Epigraphie de la Seine-Inférieure.

1857. — 1er Décembre — Découverte d'antiquités au Havre. Cet article qui est de l'abbé Decorde, concerne l'abbé Cochet.

1858. — 17 août. — Découverte et exploration d'un cimetière romain du Haut-Empire, à Barentin, arrondissement de Rouen.

1858. — 31 août. — Article sur l'abbé Decorde.

1859. — 27 septembre. — Découverte et exploration d'un cimetière gallo-romain à Beaubec-la-Rosière.

1860. — 3 janvier. — Encastrement d'une statue sépulcrale du XIIIe siècle dans l'Eglise du Mesnil-Mauger. (Anonyme).

1861. — 2 avril. — Antiquités chrétiennes découvertes à l'Abbaye d'Aumale en 1859.

1862. — 28 janvier et 27 mai. — Découvertes archéologiques à Fontaine, près Blangy. Fouilles faites sous la surveillance de M. l'abbé Cochet. — Cet article est signé Parisy-Dumanoir.

1862. — 1er et 8 juillet et 14 octobre.— Découvertes archéologiques à Foucarmont.

1863. — 6 octobre. — Découverte d'un Cimetière Gaulois dans la basse-forêt d'Eu.

1866. — 24 avril. — Les fouilles de Douvrend, près Dieppe, en 1865.

1866. — 19 juin. — Antiquités franques trouvées à Sommery, arrondissement de Neufchâtel.

1867. — 2 juillet. — M. Mathon et le Musée de Neufchâtel.

1868. — 27 octobre. — Encastrement de dalles tumulaires à Bosc-Béranger et à Héricourt-en-Caux.

1869. — 19 octobre. — Exploration de maisons romaines dans la forêt d'Eavy.

1869 — 16 novembre. — Antiquités Mérovingiennes découvertes à Nesle-Hodeng, en octobre 1869.

1873 — 8 juillet. — Les Œuvres de M. l'abbé Cochet. Reproduction d'un article de l'*Univers*, signé :.Loth.

1873. — 7 et 21 octobre. — Cimetière Gaulois, à Bellozane, près Gournay.

1873. — 15 novembre. — Fouilles d'une Villa Romaine à Saint-Martin-Osmonville.

1874 — 23 juin. — L'Eglise de Brémontier.

1874. — 8 septembre. — Un four à briques romaines.

1875. — 8 juin. — Article nécrologique sur M. l'abbé Cochet.

1875. — 10 août. — Bibliographie, par P. Delesques.

451. — Journal de Rouen

1853. — 27 août. — Cimetière Romain de Lillebonne.

1867. — 8 janvier. — Lettre de l'abbé Cochet, datée de Dieppe, 6 janvier. A propos de l'attaque d'André Durand au sujet des travaux de la Cathédrale.

1875. — 7 avril. — Découvertes romaines à Incheville.

452. — Mémorial de Fécamp

1841. — 26 mai. — D. Fillastre (extrait).

1849. — 28 avril. — Fouilles à Cany chez les Souday. Cet Article a été reproduit le même jour dans le *Progressif Cauchois*, le *Mémorial de Rouen*, l'*Impartial de Rouen*, article signé Léonce de Glanville, et le *Journal de Rouen* du 30 avril.

453. — Mémorial de Rouen

1844. — 7 juin. — Société libre d'Emulation. L'abbé Cochet et son Mémoire sur la vigne.
1847. — 22 octobre. — Extrait du Rapport au Préfet sur les fouilles de Londinières.
1849. — 30 avril. — Fouilles à Cany chez les Souday. Reproduction du *Journal de Fécamp*, du 28.
1853. — 27 août. — Cimetière Romain de Lillebonne.

454. — Nouvelliste de Rouen

1862. — 8 juillet. — Découverte Archéologique à Tourville-la-Rivière.
1874. — 12 décembre. — Dalles tumulaires cédées par M. Dégenétais.

455. — Phare de Dieppe

Articles ayant rapport à l'abbé Cochet :

1842. — 23 mars. — Nomination de l'abbé au Collège de Rouen. — Voir aussi le *Journal de l'Arrondissement du Havre*, même date, et le *Courrier de Dieppe*, 25 mars.
1842. — 4 mai. — Citation d'un rapport pour la Société de S.-F.-Régis.

456. — Progressif Cauchois

1842. — 4 février. — Fouilles d'Etretat.
1842. — 7 septembre. — Fouilles du Château-Gaillard. Cet article a été reproduit par le *Courrier de Dieppe* du 9 septembre.
1842. — 8 octobre. — Anciennes Industries du Département de la Seine-Inférieure. Les Salines.
1843 — 27 septembre. — Fouilles à Bordeaux-Saint-Clair.
1851. — 8 janvier. — Décoration du père de l'abbé Cochet. Signé Paul Vasselin.

457. — Revue du Havre

1842. — 31 janvier. — Lettre sur les fouilles d'Etretat.
1842. — 13 septembre. — Bénédiction d'un Tableau de St-François-Régis, avec allocution de l'abbé Cochet. Reproduction d'un article du *Courrier de Dieppe* du 2 août.
1843. — 6 juin. — Notice sur D. Fillastre.

1847. — 28 novembre. — Nouvelles fouilles à Londinières en novembre. Reproduction d'un article de la *Vigie de Dieppe* du 19.

1850. — 16 mai. — Bénédiction des Cloches d'Etretat. Citation du sermon de l'abbé Cochet

Articles ayant rapport à l'abbé Cochet :

1840. — 25 octobre. — Départ du Havre de l'abbé Cochet. Article de Morlent.

1840. — 1er novembre. — Regrets de n'avoir pu l'obtenir pour Curé à Etretat.

458. — La Semaine Religieuse du Diocèse de Rouen

1867. — Tom. I. nº 12. — 18 mai. — Dalle tumulaire découverte dans l'église Saint-Jacques de Dieppe, pp. 195 et 196.

» » nº 41. — 7 décembre. — La Chapelle de Saint-Joseph à Saint-Rémy de Dieppe, p. 678

1868. — Tom. II. nº 7. — 11 avril. — A propos de l'allocation accordée par le Conseil général de la Seine-Inférieure pour l'entretien des monuments historiques de ce département, pp. 108 à 110.

1869. — Tom. III. nº 6. — 10 avril et nº 8. — 24 avril. — Secours aux Eglises Monumentales du Diocèse de Rouen, pp. 138 à 140 et pp. 176 à 180.

» » nº 31. — 2 octobre et nº 36. — 6 novembre. — Dalles tumulaires et inscriptions commémoratives découvertes aux anciens Dominicains de Rouen, en 1869, pp. 733 et 734 et pp. 850 à 853.

1870. — » nº 46. — 15 janvier. — La Sœur Marie-Jeanne Fleury. (Notice nécrologique), pp. 1094 à 1097.

» » nº 48. — 29 janvier et nº 49. — 5 février. — Lettre sur les Confessionnaux au Moyen-Age, pp. 1133 à 1136 et 1157 à 1160.

» Tom. IV. nº 4. — 26 mars. — Découverte d'une Mosaïque à Lillebonne, pp. 93 et 94.

» » nº 13. — 28 mai. — La Tour d'Etretat, pp 310 à 312.

» » nº 36. — 5 novembre. — Le Saint-Sépulcre des anciens Dominicains de Rouen, pp. 856 et 857.

1871. — » nº 43. — 21 janvier. — M. l'abbé Letheux, curé-doyen d'Envermeu. (Notice nécrologique), pp. 1028 à 1031.

» Tom. V. nº 3. — 18 février. — Une Pierre-Limite de l'abbaye de Saint-Ouen, pp 39 à 41.

» » nº 12. — 22 avril. — M. Paray, clerc du trésor de Saint-Rémy de Dieppe, pp. 254 et 255.

1871. — Tom. V. n° 31. — 26 août. — Les porches de nos Eglises à propos du porche de Bosc-Bordel (Seine-Inférieure), pp. 702 à 706 et pp. 730 à 733.

» » n° 46 — 9 décembre. — M. l'abbé Masson. (Notice nécrologique, pp. 1075 à 1077.

1872. — Tom. VI. n° 42. — 19 octobre. — Fouilles dans la Crypte de Saint-Gervais de Rouen, pp. 996 et 997.

» » n° 48. — 30 novembre. — Plaques de plomb provenant de l'Eglise des anciens Dominicains de Rouen, pp. 1140 et 1141.

1873. — Tom VII. n° 1. — 4 janvier. — L'Eglise de Saint-Jacques de Dieppe, pp 7 à 9.

» » n° 14. — 5 avril — Plaques en plomb provenant de l'Eglise des Dominicains de Rouen. pp. 334 à 336

» » n° 18. — 3 mai et n° 19. — 10 mai. — M. l'abbé Bénard, curé-doyen de Notre-Dame du Havre, chanoine honoraire. (Notice nécrologique), pp. 417 à 419 et pp. 440 à 443

1874. — Tom. VIII. n° 43 — 24 octobre. — Eglise Saint-Rémi de Dieppe, pp. 1032 et 1033.

1875. — Tom. IX. n° 19. — 8 mai. — Acquisition du battant de la cloche de Georges-d'Amboise par le Musée des Antiquités de la ville de Rouen, pp. 444 et 445.

1876. — Tom. X. n° 27. — 1er juillet ; n° 28. — 8 juillet ; n° 29. — 15 juillet ; n° 30. — 22 juillet ; n° 31 ; — 29 juillet ; n° 32. — 5 août ; n° 33. — 12 août. — M. l'abbé Cochet. (Notice nécrologique. — Cette Notice qui n'est pas signée est de l'abbé Julien Loth. Voir le n° 431), pp. 653 à 658 ; pp. 676 à 680 ; pp. 700 à 706 ; pp. 724 à 729 ; pp. 748 à 753 ; pp. 772 à 776 ; pp. 796 à 801.

459. — Univers (Table manuscrite de l') par l'abbé Gasse

1852. — 9 octobre. — Fouilles de Fécamp.

1857. — 22 juin. — Le Filleul des Guerrots, le Florian de la Normandie.

1861. — 18 octobre. — Mascaret à Caudebec-en-Caux.

460. — La Vérité, de Rouen

1839. — 4 mai. — N° 16. — 1re année. — Eglise de Saint-Jean-d'Abbetot.

461. — La Vigie de Dieppe

1845. — 19 septembre. — Découverte d'un Cimetière Romain à Neuville-le-Pollet.

1846. — 2 juin. — Fouilles de Sainte-Marguerite, près Dieppe.
1846. — 18 août. — Inauguration du buste de Bouzard sur la jetée de Dieppe.
1846. — 22 septembre. — Inscriptions sur les maisons de l'abbé Guibert et de Cousin-Despréaux. — Notice sur l'abbé Guibert. — Reproduction de la *Revue de Rouen* du mois de janvier 1842.
1846. — 20 novembre. — Messire Philippe de Montigny, gouverneur de Dieppe.
1846. — 1er décembre. — Michel Borlé, sculpteur dieppois.
1847. — 15 janvier. — Tombeau en pierre découvert au chemin de fer de Dieppe. (non signé).
1847. — 22 janvier. — Sépultures antiques trouvées au chemin de fer de Dieppe. (non signé).
1847. — 2 février. — Honneurs rendus aux Dieppois célèbres. — Descroizilles.
1847. — 23 février. — Souvenirs d'un vieux Dieppois. — L'abbé Briche.
1847. — 16 avril. — Thomas Bouchard. (non signé).
1847. — 23 avril. — Fauconneau trouvé en mer.
1847. — 30 avril. — Sépultures anciennes trouvées à Saint-Pierre-d'Epinay, dans les travaux du chemin de fer de Dieppe. — Extrait de la *Revue de Rouen*.
1847. — 7 mai. — Chapelle de Notre-Dame-des-Vertus.
1847. — 23 juillet. — L'abbé Gossier (notice biographique). Non signé.
1847. — 14, 17 et 24 septembre. — Noël de la Morinière (notice biographique). Non signé.
1847. — 17 septembre. — Le chœur de Saint-Jacques. Non signé.
1847. — 12 octobre. — Fouilles de Londinières. Cet article a été reproduit par le *Moniteur* du 16 et par l'*Univers* du 19.
1847. — 19 novembre. — Nouvelles fouilles à Londinières en novembre. Cet article a été reproduit dans la *Revue du Havre* du 28.
1847. — 24 décembre. — L'abbé Auvray. (Notice biographique). Non signé.

Article ayant rapport à l'abbé Cochet :

1847. — 7 décembre. — Fouilles de l'abbé Cochet aux environs de Dieppe, par E. Léger, architecte. Cet article a été reproduit dans le *Mémorial de Rouen* du 15 décembre.
1848. — 14 janvier. — Biographie dieppoise. Crignon, Felle et Derriennes.
1848. — 28 janvier, 4, 15 et 25 février, 3 et 17 mars. — Etudes historiques sur Richard Simon.
1848. — 3 mars. — Le Parc aux huitres d'Etretat. (Non signé). Reproduction de la *Revue de Rouen*.
1848. — 24 mars. — Destruction de la butte du Moulin-à-Vent.
1848. — 12 et 23 mai. — Le prêtre Véron, fondateur de l'Hospice de Dieppe. (Les deux articles sont signés C. T.).

1848. — 14 et 25 juillet, 8 et 15 août. — Pierre Graillon, sculpteur né à Dieppe.

1848. — 22 août, 12 septembre, 24 novembre, 1er et 15 décembre. — Histoire de l'Imprimerie à Dieppe. Ces articles sont signés C. T.

1849. — 19 janvier. — Une inscription à Richard Simon. (Non signé).

1849. — 23 et 30 mars — Le Manoir des Archevêques de Rouen sur l'Alihermont.

1849. — 1er mai. — Cimetière Gallo-Romain découvert à Cany.

1849. — 29 mai et 1er juin. — Biographie Dieppoise. Le père Crasset, jésuite. (Extr. de la *Revue de Rouen*).

1849. — 11 septembre. — Mademoiselle de Rassent ou la Miraculée d'Archelles.

1849. — 25 décembre. — L'Eglise du Pollet.

1850. — 8 mars. — Exploration du Cimetière romain de Neuville. — Inscription de J. Ango.

1850. — 13 septembre. — Sur un Vitrail neuf de l'église Saint-Rémi. — Paru aussi dans la *Revue du Havre*, le 19 septembre. Cet article est une réimpression de celui publié dans l'*Art en Province*.

1850. — 17 septembre. — Fouilles d'Envermeu en 1850.

1850. — 1er octobre. — Exploration du Cimetière Mérovingien de Londinières. Voir aussi le *Journal de Neufchâtel*, même date.

1850. — 1er novembre. — Tombeau en pierre trouvé dans le Grand-Val près Etretat.

1850. — 31 décembre. — Inscription trouvée dans les démolitions de l'église des Carmes de Dieppe.

1851. — 29 avril. — Bibliographie. Essais de l'abbé Decorde.

1851. — 11 mars. — Fouille d'Envermeu. Cet article a été reproduit dans l'*Impartial de Rouen* du 13.

1851. — 6, 10 et 13 juin. — Compte-Rendu de l'Ouvrage de l'abbé Lecomte. Messire de Clieu.

1851. — 19 novembre. — Sur un Vitrail neuf de l'Eglise Saint-Jacques de Dieppe.

1851. — 26 décembre. — Rapport sur les fouilles du bois des Loges. (Emprunt à la *Revue de Rouen*).

1852. — 26 mars. — Compte-Rendu de l'Histoire des Miracles par M. de Glanville.

1852. — 30 juin. — Exploration à Etretat. Reproduction d'un article du *Courrier du Havre* du 8.

1852. — 21 septembre. — Fouilles de Fécamp. Découverte d'un Cimetière Gallo-Romain.

1852. — 3 décembre. — Bibliographie. Petite Géographie par Morlent.

1853. — 12 avril. — M. l'abbé Mermilliod.

1853. — 28 juin. — L'Eglise Saint-Jacques de Dieppe, sa décoration et ses verrières. Signé C. T.

1853. — 22 juillet. — Antiquités romaines découvertes à Lillebonne.

1853. — 22 novembre. — L'Abbaye de St-Victor-en-Caux. — Crèche de St-Vincent-de-Paul. Signé C. T.

1853. — 16 décembre — Cimetière franc mérovingien d'Envermeu.

1854. — 7 février. — Découverte à Saint-Aubin-sur-Scie.

1854. — 2 mars et 11 avril. — Note sur un Tombeau en pierre trouvé à Ouville-la-Rivière.

1854. — 11 août — Le nouveau Vitrail du Rosaire à Saint-Jacques de Dieppe.

1854. — 26 décembre. — Notice nécrologique sur Ed. Jean. Signé C. T.

1855. — 16 janvier. — La Porte d'Etoutteville.

1855. — 26 janvier. — Mme d'Etrépagny (notice nécrologique)

1855. — 6 février. — Mort de M. de Bréauté.

1855. — 25 mai. — Restauration de la Croix de la Moinerie, citation de la Notice de l'abbé Cochet.

1855. — 10 juillet. — Sépultures chrétiennes trouvées à Bouteilles, près Dieppe.

1855. — 18 juillet. — Sépultures chrétiennes de la période anglo normande, trouvées à Bouteilles, en 1855.

1855. — 24 juillet. — Vases découverts à Fréfossé.

1855. — 27 juillet et 7 août. — Notice biographique sur M. Nell de Bréauté.

1855. — 21 août. — Découverte de peinture murale à St-Ouen de Rouen.

1855. — 31 août. — L'Eglise St-Jacques de Dieppe, sa décoration et ses verrières.

1855. — 14 décembre. — Monnaies d'or anglo-franç. trouvées à Arques et à Bruneval.

1856. — 29 février. — Une Cachette du XVIe siècle.

1856. — 21 mars. — Squelette debout à Fécamp.

1856. — 8 avril. — Sépultures gallo-romaines découvertes à St-Martin-en-Campagne.

1856. — 27 mai. — Arques et Archelles.

1856. — 22 et 25 juillet — Note sur des Tombeaux chrétiens trouvés à Bouteilles en 1856.

1856. — 23 septembre. — Découvertes de Villas en Angleterre.

1856. — 3, 7 et 14 octobre. — Notice sur des Antiquités romaines découvertes dans la Seine-Inférieure en 1856.

1856. — 21 octobre. — Découverte épigraphique au Pont-de-l'Arche.

1857. — 6 janvier. — Benoit-Vallin. (Article nécrologique).

1857. — 24 février. — Antiquités franques découvertes à Envermeu, article de l'abbé Corblet.

1857. — juin. — M. Le Filleul des Guerrots (article nécrologique).

1858. — 5 mars. — Traduction du Bref de Pie IX à l'abbé Cochet, 30 décembre 1857.

1858. — 23 avril. — La Flèche de la Cathédrale de Rouen. Cet article a été reproduit dans le *Journal de Rouen* du 25.

1858. — 30 avril. — M. Levasseur (nouvelles locales). — La nouvelle Croix de pierre de Brachy.

1858. — 23 juillet. — Découverte d'un Cimetière Romain à Barentin.

1858. — 13 août. — Monuments historiques. Rapport du Préfet au Conseil d'arrondissement.

1858. — 24 août. — Nomination de l'abbé Decorde à la Commission des Antiquités.

1858. — 19 octobre. — Démolition de la Chapelle des Grèves, au Pollet.

1858. — 2 novembre. — L'abbé Cochet, son article dans le Vapereau. — *Dictionnaire des Contemporains.*

1859. — 4 février. (Supplément) — Mort de M. Désiré Lebeuf.

1859. — 4 mars. — Note sur les restes d'un Palais de Charles-le-Chauve à Pitres (Eure).

1859. — 12 avril. — Guillaume de Saane.

1859. — 9 mai. — Fouilles de Bernay. Réimpr. à Londres.

1859. — 19 juillet. — Nouvelle découverte d'Antiquités à Pitres (Eure) en 1859. (Extrait d'une lettre à la Société de l'Eure).

1859. — 8 novembre. — Bouteilles, son importance et son rôle au Moyen-Age.

1859. — 22 novembre. — M. Amédée Féret. (Article nécrologique).

1859. — 31 décembre. — M. Abraham Vasse. Article signé C. T.

1860. — 6 janvier. — Nécrologie Diocésaine et Biographie Normande. M. l'abbé Langlois.

1860. — 9 mars. — Examen par l'abbé Cochet d'une découverte faite à Etalondes.

1860. — 27 mars. — De l'Eglise Saint-Rémy, à propos du nouveau Vitrail des Prophètes.

1860. — 8 mai. — Le nouveau Calvaire d'Offranville.

1860. — 30 novembre. — Société des Antiquaires de Normandie. Discours de Mgr de Bonnechose et toast de M. Puiseux. (Cet article est signé C. T.).

1860. — 7 décembre. — Inauguration et Bénédiction du Nouvel Hospice de Dieppe et de sa Chapelle. Cet article a été inséré dans l'*Almanach de Dieppe* pour 1861, pp. 423 à 438.

1860. — 18 décembre. — M. l'abbé Baudry. (Cet article est signé C T.).

1860. — 25 décembre. — Hachettes diluviennes. — Extrait d'une lettre adressée à M. le professeur Charma, secrétaire de la Société des Antiquaires de Normandie, à Caen. (Reproduction d'un article de la *Picardie*).

1861. — 5 mars. — Les Vitraux du Tréport

1861. — 2 avril. — M. l'abbé Desliens, curé d'Eletot. (Article nécrologique, signé L'abbé C. T.).

1861. — 2 avril. — La Pierre tombale d'Antoine Legendre, curé d'Hénouville et ami du grand Corneille. Extrait du deuxième numéro du *Bulletin de la Société des Antiquaires de Normandie.*

1861. — 2 août. — Découvertes d'Antiquités chrétiennes à Auffay.

1861. — 3 septembre. — Nouvelles Antiquités chrétiennes trouvées à Auffay.

1862. — 7 janvier. — M. le général de Crény. (Article anonyme, reproduit par le *Journal de Rouen* du 8).

1862. — 18 avril. — Le Baptistère de Bacqueville.

1862. — 30 mai. — Les Ruines de l'Eglise du Petit-Appeville.

1862 — 30 mai. — Découverte du Cœur de Charles V, dit le Sage, dans la Cathédrale de Rouen.

1862. — 27 juin. — Une Croix de Mission à Sainte-Marguerite-sur-Mer. (Article signé C. T.).

1862. — 3 octobre. — L'Eglise de Longueville.

1863. — 20 mars. — M. Lenormand, du Bosc-le-Hard. (A propos de sa nomination au grade de chevalier de la Légion d'honneur. — M. Lenormand était maire de cette commune.

1863. — 5 mai. — Rétablissement de l'inscription commémorative de la Bataille d'Arques.

1863. — 21 juillet. — L'Eglise du Petit-Appeville. (Article anonyme).

1863. — 14 août. — M. l'abbé Leguest. (Article nécrologique).

1865. — 25 avril. — Communication de l'abbé Cochet au Congrès des Sociétés Savantes.

1866. — 20 novembre. — Inhumation de M. le Curé du Tréport. (Article signé C. T.).

1871. — 16 avril. — La Tour d'Etretat.

1872. — 1er novembre. — Rapport sur le Prix de Vertu (Boucher de Perthes).

1874. — 9 octobre. — Bibliographie et Histoire. Instruction, etc., publié par le Dr de Berin. (Article anonyme).

1875. — 12 janvier. — S. Lefebvre. (Article nécrologique, signé C. T.).

VI. — ICONOGRAPHIE DES PORTRAITS DE L'ABBÉ COCHET

462. — 1° In-8°. Carbonneau, sc. Ce portrait a d'abord été publié dans la *Normandie Souterraine* (2e édition. 1855) ; ensuite dans la *Galerie Dieppoise*. 1862 ; — dans le *Bulletin d'Etretat*. n° 11. jeudi 11 septembre 1862 ; — dans la 4me et dans la 5me édit. de *Etretat. Dieppe*. 1862 et 1869 ; — et en dernier lieu dans la Notice intitulée : *L'abbé Cochet au Havre*, par Léon Braquehais. *Rouen et Havre*. 1889.

2° In-4°. Lith. par Morel.

3° In-8°. Lith. par Duchesne, imp. Lemercier et Cie. Paris. dans la *Notice Biographique* par Michel-Hardy. 1875.

4° In-8° en photog. L'abbé Cochet à 57 ans d'après la photographie de E. Letellier, dans la Notice de Brianchon : *L'abbé Cochet, ecclésiologique et antiquaire chrétien*. Dieppe. 1877.

463. — Buste et Médaille.

La reproduction du Buste et de la Médaille de l'abbé Cochet se trouve dans l'Ouvrage de M. Brianchon : *Le Monument de l'abbé Cochet. Tombeau. Buste. Médaille. Rouen*. 1879. In-8°.

VII. — OUVRAGES INÉDITS

464. — Premier Mémoire Archéologique

A Monsieur Emmanuel Gaillard

Monsieur,

Vous avez dit dans vos *Essais Archéologiques* sur notre pays : « Je désirerais que ma voix pût retentir jusque dans les plus faibles hameaux. » Elle y a retenti, Monsieur ; et c'est pour y répondre, que j'élève aujourd'hui la mienne du sein de mon humble village. L'amour de la patrie m'inspire cette démarche, et un si beau motif trouvera sans doute grâce devant vos yeux.

Dans votre ouvrage, Monsieur, vous signalez Etretat comme un point qui a pu être occupé par les anciens dominateurs du monde. Cette opinion, adoptée aujourd'hui par tous les hommes de la science, est d'ailleurs appuyée par des monuments incontestables. C'est de ces monuments que je viens vous entretenir en ce moment ; c'est sur eux que j'appelle votre attention ; et s'ils pouvaient vous paraître dénués d'intérêt, c'est à moi seul qu'il faudrait imputer ce malheur.

Le premier de tous et le plus anciennement découvert est une vieille inscription sur laquelle on lisait ces mots latins : OPPIDUM ET CIVITAS (1). Nous avons beaucoup cherché à nous procurer cet ancien monument ; mais il paraît perdu une seconde fois. Mais vous, Monsieur, vous serait-il bien aisé de nous expliquer comment cette inscription toute romaine s'est trouvée échouée sur le rivage ?

Le second est un aqueduc ou cloaque : car il ne pouvait avoir qu'une de ces deux destinations ; mais le soin avec lequel il était fabriqué me ferait croire que c'était une fontaine. Le fond du canal est formé avec une couche de ciment très rouge.

---

(1) Pour le dire en toute franchise, cette inscription ne semble être autre chose qu'une niche de quelque mauvais plaisant qui l'aura forgée pour ravir d'aise l'archéologue novice. Au reste l'abbé Cochet a fait lui-même, à diverses reprises, la critique de l'œuvre de ses vingt-deux ans, dans sa brochure sur Etretat. — L'ABBÉ A. TOUGARD.

De ce même ciment sont enduites les deux murailles collatérales, qui forment la caisse de l'aqueduc, et le haut est couvert avec de grosses pierres calcaires, encore brutes à l'extérieur, quoique taillées en nacelle à l'intérieur. Ce canal peut avoir dix pouces de haut sur un pied de large ; sa longueur n'est pas connue ; il paraît se prolonger fort avant dans le vallon. On en a retrouvé des fragments à plus de huit cents pas de distance des premiers. Etait-ce le même ? En était-ce un autre ? Je ne le sais ; mais tout porte à croire que c'était le même : le genre de construction, le plan, la direction, etc.

Le troisième monument est des plus importants. Ce sont les restes de vieilles et fortes murailles, dans l'intervalle desquelles l'on a trouvé de grandes et larges tuiles servant de pavé sans doute ; car elles étaient posées horizontalement au-dessus d'une couche de gros ciment rouge, dans lequel elles paraissaient maçonnées. Ces tuiles ont tout ce que les antiquaires exigent pour caractériser une brique romaine, et elles ressemblent complètement à celles que l'on voit à Lillebonne dans les débris du théâtre ou des thermes. Elles ont quatorze à quinze pouces de long sur dix ou douze de large, et à peu près un pouce d'épaisseur, telles enfin que les désigne l'*Annuaire* de 1823, telles que les signale M. A. Le Prevost dans son ouvrage sur le département de l'Eure. J'ajouterai que deux côtés de ces tuiles sont munis d'un rebord très bien marqué. Or la présence de ces rebords, reconnaissable, dit M. A. Le Prevost, jusque dans les moindres fragments, suffit pour indiquer, de la manière la plus incontestable, une tuile romaine. Donc, etc. Maintenant je vais vous faire part de diverses circonstances qui donnent à cette découverte un caractère particulier.

Immédiatement au-dessus de la ligne des pavés, on voyait une couche de terre grisâtre et cendrée, dans laquelle on trouvait beaucoup de charbons (on peut encore reconnaître aujourd'hui ce terrain charbonné, attendu que les fouilles n'ont pas été continuées). Ce sont là des preuves non équivoques de l'incendie qui aura détruit cet édifice ; mais ce n'est pas tout. Au-dessus de ces cendres, à la hauteur d'un pied, se trouvaient rangés à la file un grand nombre de cadavres, et des ossements bien conservés. Comment, direz-vous, ces cadavres se trouvaient-ils là ? Comment n'ont-ils pas été dévorés par les flammes ? Cette chose qui, au premier abord, paraît extraordinaire, va bientôt s'expliquer toute seule. Il est bien démontré par le charbon et les cendres que l'édifice qui existait en ces lieux a été détruit par un incendie ; il n'est pas moins certain que les inondations de terre ou de mer auxquelles Etretat est très exposé, ou quelque autre catastrophe, auront recouvert de terre les ruines de l'édifice, comme à Lillebonne le théâtre lui-même était profondément enseveli. Ajoutons maintenant que ces murailles et ces tuiles ont été trouvées auprès d'une ancienne chapelle qui existait avant la Révolution, et qui portait le nom de S.-Valery ; que cette chapelle était l'église de la paroisse, et que ses alentours servaient de cimetière. Alors il deviendra certain que les corps dont nous parlons ont été déposés là postérieurement et sur des débris dont on ignorait complètement l'existence. C'est à propos de ces ruines antiques que quelques personnes ont supposé que la chapelle de S.-Valery, qui est fort ancienne, s'était élevée sur les débris d'un temple d'idoles. Il se pourrait, en effet, que ce monument romain dont nous parlons plus haut ait été un fanum, qui peut-être fut changé en église, lorsque le christianisme s'introduisit dans les Gaules ; ou bien si les premiers hommes qui repeuplèrent Etretat après la catastrophe, ayant une connaissance vague de l'ancien temple, et poussés d'ailleurs par leurs vieux préjugés, choisirent de préférence ce lieu pour y élever une maison de prières ; et c'est ainsi qu'ils bâtirent leur chapelle sur les débris demi-ensevelis du fanum.

Le quatrième enfin est une voie romaine qui allait de Lillebonne à Etretat. Une foule de personnes de ce village m'ont assuré qu'elles l'avaient souvent entendu dire à leurs ancêtres. A Goderville, à Bretteville, qui sont les seuls endroits où j'aie pu consulter la tradition, tous les paysans appellent le chemin qui va de Lillebonne à Etretat le chemin de César. Je crois que cette tradition rustique n'est point du tout à mépriser ; je la regarde même comme d'un grand poids dans cette affaire. Car, je le demande, où ces pauvres gens ont-ils été pêcher une dénomination aussi étrangère à leurs mœurs ? Quel est l'homme qui a pu imaginer de donner ce nom à un chemin ordinaire ? A quel dessein l'aurait-il fait ? Et d'ailleurs à qui aurait-il pu persuader sa chimère ? Au paysan, le plus grossier, il est vrai, mais en même temps le plus défiant des hommes, par cela même qu'il croit qu'on veut surprendre sa bonne foi. Enfin son sentiment particulier n'aurait pu prévaloir sur le sentiment général, et la force de la tradition paternelle aurait bientôt repris ses droits, si même elle avait pu les perdre un seul instant.

Un habitant de Goderville, homme instruit et amateur des antiquités (1), parlant de ce chemin, m'a assuré que c'était véritablement une voie romaine qui allait de la Seine à l'Océan. Il s'en était convaincu, disait-il, tant par la tradition populaire que par la nature intrinsèque du chemin : car il a tous les caractères que les antiquaires exigent ordinairement des voies romaines, caractères infaillibles puisqu'ils sont fondés sur des expériences multipliées, et sur l'analogie générale des choses. Le chemin dont nous parlons est de la nature de ceux que les gens de la campagne appellent *perrés* ou *ferrés*, Il est pavé dans toute sa longueur avec de gros silex aux veines rouges ; et si ce caractère paraît lui manquer en quelques endroits, c'est qu'il a été détruit par les riverains, comme à Goderville par exemple, dans un endroit que notre antiquaire lui-même avait vu fouiller, et où le chemin avait seize à dix-huit pieds de largeur. Il en serait ainsi, m'a t-il dit, sur toute la route, si les paysans n'eussent pas anticipé et rendu peu à peu à l'agriculture le terrain que le commerce lui avait enlevé. Nous n'ajouterons pas que ce chemin est d'une solidité à toute épreuve, puisque, après dix-huit siècles, il paraît encore neuf aux endroits où il n'a pas été défoncé par la main des hommes.

Sa direction est presque droite ; il suit la plaine qui vient se perdre à Etretat.

(1) Vraisemblablement le docteur Robin. — A. T.

Tels sont, si je ne me trompe, les caractères voulus par M. A. Le Prevost pour qualifier une voie romaine. Je pourrais ajouter encore une autre preuve qui a bien aussi sa force. L'on trouve sur une partie ferrée de ce chemin un hameau appelé la Chaussée, dépendant de Bretteville, d'où le village a tiré lui-même le nom de Bretteville-la-Chaussée. Ce nom de Chaussée ne me paraît pas du tout indifférent ; il indique en général un reste de voie romaine. C'est ce que l'on a observé sur le chemin qui conduit de Lillebonne à Caudebec, qui est aussi de ce genre et qui porte ce nom (Voy. Morlent, *Le Havre et ses environs* et *l'Annuaire* de 1823).

Je dis plus. Je soutiens que ce chemin, dans les espaces qui me sont familiers, a toutes les notes d'une voie gauloise ; et ici, Monsieur, c'est votre propre autorité que j'invoque. « Pour savoir, dites-vous, ce que sont devenus les chemins des Gaulois, promenons nos regards à travers nos grandes et belles plaines, et remarquons l'arrangement qui semble avoir présidé au placement des clochers et la continuité du rideau formé par les villages qui s'allongent les uns au bout des autres. Ces longues files, souvent parallèles et parfois entrecoupées, ne sont-ce pas des rues ? Et ces rues, qui ne les croirait autant de voies gauloises bordées jadis par de simples manses devenues aujourd'hui des hameaux ou des paroisses populeuses ? » Ces règles posées, j'en fais l'application. Gerville, Les Loges, Bordeaux-S.-Clair, sont tous villages placés sur ces plaines, et qui s'allongent les uns au bout des autres, sur un double rideau de maisons et de cours, rangées le long d'un grand chemin remparé de silex. Ces deux lignes parallèles de manses, de villas ou de métairies, règnent sans aucune interruption pendant l'espace de plus de deux lieues. Le chemin est échelonné de place en place de châteaux, de clochers, de croix et de vieilles maisons du genre de celles que l'on appelle anglaises. Telle est la nature des lieux.

Je veux maintenant citer plusieurs monuments historiques qui déposent en faveur de mon assertion. Sur une carte de Normandie de 1780, faite par le sieur Duperrier, on trouve un grand chemin qui va de Lillebonne à Etretat. Assurément il ne devait exister entre ces deux endroits aucune communication de ce genre : car Lillebonne, à cette époque, n'était qu'un faible village, sans aucune importance, et qui avait perdu jusqu'au souvenir de sa grandeur passée ; et Etretat, nous en sommes bien informés, ne comptait pas cinq cents habitants.

Qu'est-ce donc qui pouvait engager Duperrier à tracer un grand chemin, un chemin de première classe, entre deux bourgades également ignorées ? Je le dis, sans crainte d'être démenti : la force seule de la tradition a pu engager le géographe à agir ainsi. Le chemin ne devait pas être beaucoup mieux conservé qu'aujourd'hui ; et, l'eût-il été un peu davantage, il n'eût jamais suffi pour être distingué d'une manière si éclatante. Il faut donc toujours recourir à la tradition, à moins que l'on ne suppose que Duperrier a tracé cette route sur la foi de quelque géographe ou de quelque auteur plus ancien et que nous avons perdu ; mais cette supposition, qui recule la question sans la résoudre, ne fait toutefois que confirmer encore ce que nous avons dit. Je pourrais citer un autre ouvrage intitulé : *Le Tour de*

France : Rouen, le Havre, Dieppe, composé par un ancien rédacteur du *Phare du Havre* (1) ; si je n'avais craint d'être trop long, j'aurais extrait le passage où il parle de nos antiquités et, entre autres, de la voie romaine qui allait de Lillebonne à Etretat. Mais vous pourrez vous-même consulter le livre, que vous connaissez peut-être déjà, et vous assurer de la créance qu'il mérite.

A tout cela je pourrais ajouter encore qu'on ne saurait fouiller la terre à Etretat sans trouver des fondations, des armes, des cadavres et des débris de toute espèce. Interrogez le laboureur, qui promène en chantant sa charrue dans la vallée ; il vous dira qu'en traçant ses sillons le soc de sa charrue heurte contre des murailles, et que sa herse entraîne mille fois le casque, l'épée, la lance et la dépouille mortelle des guerriers. Interrogez le fossoyeur, qui creusa les puits et les canaux du village ; il dira que mille fois sa bêche s'est brisée contre la pierre enduite d'un fort ciment ; qu'en telle année l'un trouva des médailles, l'autre des tuiles romaines, celui-ci les ustensiles du ménage, celui-là un terrain plein de cendres et de charbons ; tous enfin n'ont qu'une voix pour vous dire qu'Etretat est plein de maçonneries, de décombres et de ruines ; qu'une ville importante fut autrefois bâtie dans ces lieux. Se pourrait-il qu'une opinion si universelle fût une chimère ? Ce cri d'une ville entière serait-il un mensonge ? Quoi ! grands et petits, jeunes et vieux, savants et ignorants, tous seraient livrés à une erreur commune ! Erreur étrange, que celle qui aurait pu se faire adopter si aisément et sur un point, ce semble, sur lequel il ne devrait s'en glisser aucune. Car de quoi s'agit-il ? Non pas de savoir quelle ville a été bâtie dans ces lieux, quel peuple est passé là ; chose obscure et livrée à la dispute des savants ; mais bien de savoir si l'on trouve à Etretat des ruines qui annoncent une haute importance. Or pour cela il ne faut avoir que des yeux, et sur ce point il n'y a pas de dissidence dans le pays.

Mais quelles conséquences tirer de tout ceci ? Il me semble qu'on peut en conclure, sans trop de témérité, qu'une station romaine fut placée dans ces lieux. Quel fut son nom ? Je ne le sais. Je laisse à vous, Monsieur, à vous qui êtes initié dans les mystères des anciens temps, à décider si Etretat n'est pas le *Catorocinum* (*sic.* — Emm. Gaillard a mis en marge : *Caracotinum*) des anciens, que les modernes cherchent encore. Là-dessus je ne vous suggérerai qu'une réflexion ; je la tire de l'itinéraire d'Antonin. Ce livre dit : *A Carocotino* (sic) *ad Juliobonam decem millia.* Je ne sais pas au juste quelle était la valeur des milles romaines (*sic*), et je pense que sur ce sujet il y a quelque division parmi les savants. Mais pour savoir d'une manière infaillible de quelle mesure l'itinéraire voulait parler, prenons la distance qu'il met entre des points connus et non contestés. Il ajoute : *Juliobona ad Lotum, sex millia ; a Loto ad Rothomagum tredecim millia* (*Lotum*, selon les savants, était une ville bâtie entre Caudebec et S.-Wandrille) ; mais de *Juliobona* à *Rothomagus* qui est bien certainement notre ville de Rouen,

(1) Placide Justin, né à Caudebec, publia son *Tour de France* en 1827.

l'itinéraire compte dix-neuf milles ; et on compte aujourd'hui onze de nos lieues. Maintenant, dix mille, qui sont plus de la moitié de dix-neuf, donneront à peu près six lieues d'aujourd'hui qui est la distance qui se trouve entre Lillebonne et Etretat. Ainsi, Monsieur, il me semble que le seul auteur qui parle un peu clairement de *Catorocinum* nous est assez favorable ; et si Etretat fut un point occupé par les Romains, comme nous le prétendons et comme les monuments le démontrent assez, n'aurait-il pas bien pu s'appeler *Catorocinum* ?

Mais on dira : quelle analogie entre ces deux dénominations ? Il n'y en a aucune sans doute ; mais lorsque Etretat était ville romaine, il devait certes porter un autre nom ; car celui qu'il porte aujourd'hui est moderne et vient des Saxons ou des Normands ; il signifie simplement « la Vallée de l'Ouest » *(Oistre-Tal)*, Estretale, comme on l'appelait jadis. Voyez Gérar Mercator, *Atlas Universel*, 1613 ; Tassin, *Cartes particulières de France*, 1636. Ainsi la cité romaine aurait fort bien pu porter le nom de *Catorocinum*, comme tout autre qu'elle portait sans doute et qui est complètement perdu.

Je finis, Monsieur, en vous priant instamment de vouloir bien me communiquer les inductions que vous pourrez tirer de mes données, les recherches que vous pourriez déjà avoir faites sur Etretat, enfin toutes les connaissances que vous pourriez avoir puisées sur ce sujet tant dans vos excursions scientifiques que dans l'étude de vos auteurs. Vous ferez infiniment plaisir à un jeune homme, jaloux de la gloire de sa patrie, et qui sent pour l'étude de ses antiquités tout l'attrait que vous peignez si bien à la fin de vos estimables *Essais*.

Agréez les sentiments du profond respect avec lequel j'ai l'honneur d'être votre très humble et très obéissant serviteur,

COCHET.

Rouen, 10 janvier 1834.

P.-S. — Si vous me faites l'honneur de me répondre, vous pourrez adresser votre lettre au Séminaire de cette ville, où je suis en ce moment pour continuer mes études théologiques (1).

---

(1) Ce Mémoire décida la vocation archéologique de L'abbé Cochet par la réponse qu'y fit Emmanuel Gaillard le 16 janvier, et la correspondance régulière qui s'établit entre lui et l'antiquaire novice. Ses lettres ont été publiées par la *Revue Catholique de Normandie* (III, 132-163 ; 231-251), avec tirage à part sous le titre de : *L'Abbé Cochet et quelques-uns de ses Correspondants.* Evreux, 1894 ; in-8°. — Il amena aussi deux mois après la nomination de l'abbé Cochet au titre de Correspondant de la Commission départementale des Antiquités. — L'ABBÉ A. TOUGARD.

465. — Bénédiction des Cloches.

Ce sermon a été prêché le 12 Novembre 1840, dans l'église de Martigny et le 6 Septembre 1841 dans l'église de Varengeville.

C'est à une fête de famille, M. F., que la Religion vous invite aujourd'hui ; car cette cloche c'est la fille de vos sueurs et de votre piété, puisque donnée autrefois par vos pères elle a été refondue par les enfants. Je vous la présente donc aujourd'hui comme une mère pleine de tendresse qui protègera de son ombre fidèle la tombe des aïeux et le berceau des enfants. Comme une sœur charitable qui viendra s'asseoir avec vous au festin nuptial et pleurer à vos côtés sur le cercueil des morts ; comme une compagne inséparable qui sera la confidente de vos joies et de vos chagrins. Car vous le savez, M. F., la cloche du village annonce aux habitants la tristesse et le bonheur, la vie et la mort. Pères et mères qui m'entendez, cette cloche annoncera la naissance de vos enfants et chacun de ses sons remplira de joie vos cœurs maternels. Plus tard elle vous appellera à une touchante cérémonie lorsque le Seigneur recevra vos enfants à sa table et que revêtus de la robe de l'innocence ils viendront renouveler eux-mêmes les promesses de leur baptême.

Lorsque le jeune homme quitte son père et sa mère pour s'attacher à sa femme, la cloche annonce à la paroisse cette heureuse alliance qui met le comble à leur bonheur et qui promet des Saints à l'Eglise.

Lorsque l'Ange de la mort vient fermer vos yeux fatigués, lorsque Dieu rappelle à lui cette âme qu'il avait confiée à un corps de boue, pendant qu'une famille en pleurs est agenouillée autour d'un cercueil, la cloche alors partage le deuil de la famille, elle se voile d'un crêpe funèbre et par de lugubres accents elle invite les enfants de la paroisse à prier pour ceux qui ne sont plus ; sa voix mélancolique comme celle d'une mère affligée, pénètre les cœurs les plus durs et depuis l'enfant jusqu'au vieillard il n'est personne qui ne s'arrête et qui ne redise la prière des trépassés.

Pécheurs endurcis qui m'écoutez combien de fois le tintement de l'agonie n'est-il pas venu glacer d'effroi vos cœurs impénitents : combien de fois le glas de la mort n'est-il pas venu troubler le calme de votre âme et réveiller les remords de votre conscience ? Il est tel parmi vous peut-être qui, sur le point de commettre un péché mortel s'est arrêté au bruit de la cloche qui sonnait un trépas de son frère ou qui s'est dit à lui-même et moi aussi je dois bientôt mourir.

Pécheurs qui ne voulez pas vous convertir je vous le déclare il y en a plusieurs parmi vous pour qui cette cloche sera la voix de l'Ange qui les ramènera au Seigneur. Vous, par exemple, mon cher frère, qui après une jeunesse vertueuse avez abandonné vos devoirs, que de fois, au bruit d'une joyeuse sonnerie de fête, vous avez senti dans votre cœur combien il était amer d'avoir abandonné le Seigneur votre Dieu. Alors vous avez pleuré vos péchés qui vous empêchaient de prendre part à la joie des fidèles. Eh bien, cette cloche que nous bénissons aujourd'hui augmentera vos remords et vous ramènera aux pieds des autels.

Et vous cloche de cette église qui allez bientôt recevoir l'onction sainte, soyez longtemps pour le peuple la voix de l'Ange qui l'appelle à la prière et aux sacrifices. Que vos sons pieux retentissent longtemps dans ce hameau pour la consolation des forts et pour la conversion des pécheurs. Puissiez-vous pendant bien des siècles présider au berceau de l'enfance, à la couche nuptiale et au lit du mourant. Puissiez-vous ne jamais annoncer par de lugubres accents l'incendie de la chaumiere ni la cruelle invasion des ennemis. Préservez toujours ce village des coups de la tempête et de la fureur des vents. Détournez les orages qui menacent sa frêle existence, mais surtout que votre voix sacrée dissipe les puissances de l'Enfer et le protège contre les ennemis de son salut.

Et vous, nobles cœurs, qui avez bien voulu devenir les parrains et marraines, agréez ici l'hommage de notre reconnaissance. Déjà cette Eglise est ornée par vos soins, déjà les autels sont parés par votre munificence. Depuis longtemps votre nom est écrit dans le cœur des pauvres de cette paroisse, mais aujourd'hui ce peuple a voulu le graver sur le bronze de ses cloches afin que ses derniers neveux en venant prier dans cette église puissent y lire les noms de leurs bienfaiteurs. Chacun de ces noms rappellera une bonne action de votre vie ; chacun de ces noms rappellera au dernier enfant de la paroisse la mémoire de vos bienfaits ; chacun de ces noms sera une prière qui montera pour vous vers les Cieux et après avoir été bénis par les pauvres sur la terre, vous serez bénis éternellement dans le Ciel par notre Père Céleste, ce que je vous souhaite.

466. — Sermon

prêché le jour de Pâques 1841 dans l'Eglise Saint-Remy de Dieppe, par M. l'abbé Cochet, Vicaire.

EXORDE

Ergo ne putandum est quod vere Deus habitat super terram ?
Est-il donc croyable que Dieu ait vraiment habité la terre ?

au troisième livre des Rois, chap. 8, ver. 27.

Tel est, M. F. le cri que l'incrédulité fait entendre de toutes parts. Ce n'est pas moi qui viendrais répéter ici ses séditieuses clameurs, si, de l'école des philosophes, elles n'avaient pénétré jusqu'au fond des campagnes. L'homme des champs dit insolemment au Ministre de l'Evangile où est le Dieu que vous annoncez ? quels miracles attestent sa présence parmi nous ? Oh ! si le Tout-Puissant descendait un moment des collines éternelles, la terre ne tressaillerait-elle pas à son aspect ? les Vertus des cieux ne seraient-elles pas ébranlées, et la nature se lèverait tout entière pour saluer la venue de son auteur. Eh bien : M. F. c'est à ces signes que vous reconnaîtrez le Dieu que je vous annonce. Oui, les éléments ont confessé sa présence parmi les enfants des hommes ; les cieux le reconnurent quand ils entendirent le cantique des anges et qu'ils virent briller l'étoile lumineuse de Jacob. La mer le reconnut quand sa parole puissante gourmandait ses flots mutinés et que ses pieds se frayaient un chemin sur sa surface. Et toi, terre, par tes convulsions n'as-tu pas publié la mort de ton Créateur, et le soleil en deuil voila ses clartés pour se dérober au spectacle de ses douleurs. Aux derniers accents de sa voix, les rochers se fendirent et le temple de Jérusalem chancela sur sa base séculaire. L'enfer lui-même rendit les victimes qu'il avait dévorées et celui dont les éléments les plus insensibles annoncent si solennellement la divinité, des hommes aussi infidèles que les Juifs refusent de le reconnaître. Les rochers se brisent et leurs cœurs ne se briseront pas ; ils ont ouï parler de sa naissance ;

mais comme Hérode, ils cherchent de vains prétextes pour ne pas l'adorer. Contents de régner sur la terre, ils ne veulent nullement régner dans le ciel. Loin de chercher Jésus pour le faire roi, ils s'écrient comme la foule deicide : *Nous ne voulons pas que celui-ci règne sur nous,* Nolumus hunc regnare super nos ; *Etouffez cette voix qui nous importune ; Otez ce maître austère qui n'enseigne que les souffrances. Cachez cette Croix qui ne prêche que la mort.* Tolle Crucifige.

Essayons, s'il se peut, de faire taire ces insolentes clameurs, renversons cette Babel que des insensés élèvent contre les Cieux : foudroyons ces géants qui disputent à l'Eternel l'Empire du Tonnerre. Que n'ai-je pour cela la parole des Apôtres qui faisaient pâlir les légions du Tartare et crouler les Dieux sur leurs autels ! Que n'ai-je la voix des pères de l'Eglise dont le souffle terrassait les impies des anciens jours ! Jeune et sans éloquence, comment pourrai-je plaider une cause que n'abordèrent qu'en tremblant les docteurs et les pontifes ; la voix du jeune Lévite pourra-t-elle couvrir ces bruyantes trompettes qui retentissent dans le camp des Madianites et des Philistins, cependant Dieu choisit parfois les faibles de ce monde pour confondre ce qu'il y a de plus fort. Le plus petit des enfants d'Israël a bien pu couper la tête au plus superbe des Géants. Adressons-nous donc à Celui qui ouvre la bouche des muets et qui rend discrète la langue des enfants.

Seigneur, mon Dieu, vous qui aimez à confier à des vases fragiles les richesses de votre puissance, déliez ma langue comme vous avez délié celle de Zacharie. Faites qu'aujourd'hui on puisse dire comme au jour de votre naissance que vous avez tiré votre gloire de la bouche des enfants et des petits qui sont à la mamelle. C'est ce que nous vous demandons par l'intercession de Marie.

Ave Maria

PREMIÈRE PARTIE

L'histoire de la raison humaine avant que Jésus-Christ vint l'éclairer n'est que le récit déplorable des plus monstrueuses absurdités. L'univers, dit Bossuet, n'était qu'un temple d'idoles où tout était Dieu excepté Dieu lui-même. Aussi quand le christianisme apparut sur la terre, il cria aux païens : Fermez les portes de vos temples. Savez-vous, M. F., ce que renfermaient ces temples, superbes monuments de la richesse des nations, aujourd'hui cachés sous la fange des étangs ou les cendres des incendies. Prenez une bêche et suivez-moi sur les débris de la Grèce et de l'Italie.

Fouillez au hasard les ruines d'Athènes ou de Palmyre ; fouillez les limons d'Assyrie ou la lave brûlante d'Herculanum. Qu'y trouvez-vous ? Des Panthéons où respire l'ombre fétide encore des plus infâmes divinités, des couteaux sanglants qui servirent à égorger des victimes humaines, des ossements brûlés, restés impurs des Hécatombes que l'on immolait à des bœufs et à des serpents, des autels brisés où l'on sacrifiait aux Dieux du vol et de l'impudicité. Changez de terrain. Allez à Delphes, à Tyr, à Carthage, à Babylone et fouillez encore plus avant : qu'y trouvez-vous ? un trépied d'or où une forcenée rendait des oracles aux Rois et aux Nations ; des chaînes d'or qui lient une statue d'Hercule, une table de marbre où une ville entière servait des festins à un Dieu de boue ; une Junon dont les bras d'airain ont écrasé des milliers d'enfants ; partout enfin vous ne tirez de la terre que des Dieux de bois, d'or ou d'argent encore noircis par la fumée des sacrifices ; et dans ces vastes décombres, cherchez un temple à l'innocence, à la chasteté, à la justice ; à l'amour des pauvres, à la fidélité conjugale, à la vertu enfin et vous ne l'y trouverez pas. Mais, direz-vous, c'étaient là les Dieux de la populace. Le.....(1) approchait avec autant de mépris de l'autel de Jupiter d'Olympe que de Jupiter du Capitole et les Sages riaient des augures, des sacrifices et de ces fêtes de Bacchus et de Saturne où tout un peuple se roulait ivre dans les bourbiers du chemin.

Eh bien ! laissons le bandeau sur les yeux du vulgaire ; entrons dans les écoles de la philosophie, écoutons ces orateurs si vantés, ces philosophes profonds ; ces poètes divins. C'est là, dites-vous, que la vérité bannie du reste des humains a porté ses derniers pas. Rome, ouvre-nous ton forum et tes portiques ; Athènes, laisse-nous pénétrer dans ton Lycée et ton Académie, et toi, Alexandrie, phare de l'Orient déploie devant nous ton immense bibliothèque si fastueusement appelée la médecine des âmes. Consultez maintenant les innombrables écrits qu'elle renferme, prenez au hasard les livres d'Aristote ou de Pythagore, de Sénèque ou de Cicéron. Qu'y voyez-vous ? qu'y entendez-vous sur la nature de l'âme, sur celle de Dieu, sur l'origine de l'homme et sur le souverain bien ? Ici, le monde est le résultat fortuit des atômes ; ici, c'est une fusée volante échappée du soleil par le froissement des astres. Dieu, dit Platon, habite un palais de nuages impénétrables aux yeux des mortels. C'est un fainéant, dit Epicure, qui dort dans les bras de la volupté. Le char de Jupiter, s'écrie Homère, est enchaîné au palais des destins. Quel chaos ! quelle confusion de langage ! après d'immenses recherches, des puissants génies ne sont parvenus qu'à s'envelopper de ténèbres plus épaisses. C'est là tout le fruit qu'ils ont apporté de leurs voyages en Egypte et en Syrie, de leurs interminables débats au portique et à l'Académie et de leurs éternelles méditations sur les Catacombes.

Cependant il est un phénomène qui n'a point échappé à la sagacité des philosophes. C'est le double combat de la chair et de l'esprit qu'ils ont tous éprouvé sans le connaître. En se repliant sur eux-mêmes, ils ont aperçu dans l'homme une matière primitive riche de savoir, d'innocence et de bonheur, mais

(1) Ce mot est illisible dans le Manuscrit.

dégradée par une chute effrayante, ravagée par une bête féroce, flétrie par un souffle empoisonné, et parmi ces débris du naufrage, ils voyaient flotter à la surface des eaux le souvenir d'une céleste origine, et cette loi honteuse des *membres*, des pensées de grandeur et de gloire, et ce vil entraînement des sens qui tient l'homme penché vers la terre. Epouvantés d'un si effroyable désordre, ils s'écriaient : Qui viendra relever les ruines de ce temple ? Quel astre dissipera ces ténèbres de la nature ? Quel envoyé des cieux dévoilera ce mystère impénétrable ? Ainsi parlaient les sages de la terre, quand le désiré des nations apparut. A la vue de ce soleil des intelligences, les ténèbres et les superstitions de l'ancien monde disparurent comme de légères couches de neige qui se fondent aux rayons de l'astre du jour. Le Verbe créa de nouveau la terre, d'une main il sépare la vertu du vice, le mensonge de la vérité, et de l'autre il élève au-delà des rivages du temps le phare de l'immortalité. Il brise de ses mains le sceptre de la tyrannie et les chaînes de l'esclave ; il trace de ses doigts un code de morale si parfait que les plus grands génies, après de longues méditations, n'ont rien trouvé à y ajouter. Ouvrez donc cette loi divine qui ne fut tracée ni sur l'airain, ni sur le marbre, ni même sur la pierre comme celle du Sinaï, mais écrite en lettres de feu dans le cœur de ses apôtres. Connaissez-vous une nation sur la terre qui possède un livre pareil à celui-là ? Aimez Dieu par dessus toutes choses et votre prochain comme vous-même. Faites du bien à vos ennemis ; aimez ceux qui vous haïssent ; bénissez ceux qui vous persécutent. Les sages de la terre commandaient la guerre aux barbares et aux étrangers. *Jésus-Christ* appelle tous les hommes ses frères ; il annonce la paix et ne déclare la guerre qu'aux crimes et aux passions. La philosophie avait défié le vice et avili la vertu : quel vice n'est pas flétri dans l'évangile ? Quelle vertu n'y est pas exaltée ? Le genre humain gémissait esclave ; les philosophes criaient à la tyrannie : frappe du glaive ; à l'univers : courbe la tête. Le Christ dit aux rois : soyez justes ; aux peuples : soyez libres ; à tous : soyez égaux. Mais, en quels lieux publiera-t-il les grandes leçons qui doivent changer la face de la terre ? Sera-ce du haut du Sinaï, tout embrasé des feux de l'éternel ? Sera-ce du haut du temple de Jérusalem au son de la trompette et au bruit des tambours ? Tous les docteurs ont leurs chaires et les philosophes leurs portiques pour débiter leurs frivoles maximes ; mais le fils de l'homme n'a pas où reposer sa tête et jette aux vents de la Judée une semence digne de l'Aréopage et du Sénat romain. Il prêche sur le bord d'un lac et auprès d'une fontaine, sur la montagne comme dans la plaine, au désert comme dans le temple ; mais cette morale sublime, ces dogmes mystérieux, vous croyez peut-être qu'ils les environnera de tous les charmes de l'éloquence humaine ? Vous croyez qu'il dérobera à Mercure ces chaînes d'or qui lient à sa bouche des flots d'auditeurs ; à Orphée la lyre harmonieuse qui façonnait au joug, des peuples indomptés. Détrompez-vous, il n'enseigne qu'avec simplicité et sous les images les plus naïves. Le lys des champs, le grain semé par le laboureur, l'arbre dépouillé de ses feuilles, la vigne chargée de raisins, le festin du père de famille, voilà ses ornements les plus pompeux ;

voilà tout cet évangile qui a été pour la terre une autre nouvelle dans le déluge des opinions humaines. Tout simple qu'il est, il guida le genre humain dans les déserts de la vie et nul ne pourra dire les bienfaits sans nombre qui signalèrent son passage parmi nous. En effet, est-il une larme qu'il n'essuie, une aumône qu'il ne commande, une ignorance qu'il n'éclaire, un crime qu'il ne pardonne, une maladie qu'il ne guérisse, une plaie qu'il ne cicatrise. Combien de coupables y ont trouvé l'innocence, d'aveugles la lumière, de muets la parole, de sourds l'intelligence, d'infirmes la guérison, de mourants la vie ? Combien de riches y ont appris la miséricorde, de malheureux l'espérance, d'indigents le sacrifice, d'ignorants la science, de maîtres la justice, d'esclaves la liberté ? Si vous demandez à chaque obole, à chaque larme qui console, à chaque généreux pardon, à chaque vertu qu'on nomme : En quel nom consolez-vous l'homme ? ils vous répondront : au nom de Jésus-Christ. C'est en son nom que les apôtres guérissaient les maladies, que les martyrs d'Alexandrie mouraient pour les pestiférés, et que Laurent allait sur les grabats essuyer les larmes de ses frères. C'est en son nom que St-Martin couvrait les nuds, il pansait les blessés, que Saint-Vincent recueillait les enfants délaissés par leurs mères, et que le religieux du St-Bernard allait sur les neiges de la montagne chercher les voyageurs égarés. C'est en son nom que François visitait les prisonniers, que Jean rachetait les captifs de la Barbarie et que les chevaliers de Jérusalem protégeaient les pélerins des Sts lieux. C'est en son nom encore que les trapistes défrichent nos landes stériles, que le frère des écoles enseigne à l'enfant la science, que la fille de la charité donne au malade un lit pour mourir, que le prêtre évangélise les pauvres, et que le missionnaire va porter chez les barbares le flambeau des arts et de la civilisation. C'est à lui que les pères de l'Eglise ont offert leur divine éloquence, à lui que d'innombrables sociétés ont consacré leurs veilles savantes, à lui enfin que les beaux-arts ont dédié leurs chefs-d'œuvre immortels pendant 18 siècles, combien de commentateurs, d'interprètes, d'historiens, de traducteurs ont expliqué cette loi de grâce et de charité. Combien d'orateurs, de poètes, de philosophes ont exalté les merveilles de sa puissance ; c'est à peine si le monde peut contenir les livres inspirés par l'Evangile et pour couronner ce triomphe admirable, la musique y mêla ses accords, la peinture apporta ses tableaux, et l'architecture élança dans les airs ses sublimes créations. Interrogez donc les statues des temples et les images des autels, interrogez les brillants monastères et les humbles chapelles, les vastes basiliques et les gigantesques cathédrales, interrogez la pierre des tombeaux et le marbre des tribunes, la clef des voûtes et le pavé des sanctuaires, le fût des colonnes et le fronton des portiques, partout vous trouverez écrit jusque sur la poussière des ruines : *Jésus hominum salvator* : *Jésus sauveur des hommes. J ✝ H ✝ S.* Eh bien ! cet homme qui sauva le monde, cet homme que la terre adore, je le livre entre vos mains, je le cite à votre tribunal comme un criminel devant son juge. Oserez-vous répondre avec les Juifs qu'il est digne de mort : *Reus est mortis.* Eh bien ! j'y consens, si vous pouvez le convaincre de péché, nous le crucifierons ensemble s'il s'élève un seul témoin contre lui. Soulevez donc la poussière des siècles, creusez la terre, réveillez la cendre des morts, demandez à la science et au génie, à l'histoire et à la fable. Géants de l'ancien monde, est-il une seule des paroles de l'évangile qui soit passée ? Le cri des siècles vous répond par la bouche de ses persécuteurs : *Il a vaincu le Galiléen.*

DEUXIÈME PARTIE

Mais c'est peu pour Jésus que ces sublimes enseignements. Moïse avait révélé Dieu et sa loi, l'homme et son sauveur ; Salomon avait parlé le langage de la sagesse et de la science, Elie et Jean-Baptiste avaient pratiqué cette morale sévère qui enfanta depuis les Macaire, les Pacome et les Siméon. Il était donc à craindre que le Juif aveugle ne le confondit avec quelqu'un de ces prophètes qui brillaient tour à tour dans Israël. Le Grec lui-même lui eût opposé Platon et son éloquence que l'on avait cru divine. On n'eût pas rougi d'assimiler le fils de Sophronisque au fils de Marie, et Rome eut poussé l'injure jusqu'à lui comparer un Caton suicide et un Cicéron athée. Mais le fils de l'homme a dans les trésors de sa science des secrets inconnus aux Grecs et aux Romains. Car lequel de ces hommes a jamais osé dire à ses concitoyens : Je serai livré aux nations ; je serai dépouillé et battu de verges et attaché à une croix, mais je ressuciterai après trois jours et je fonderai un empire qui n'aura d'autres limites que le monde, d'autre durée que le temps. Cet homme sans doute eut passé pour un insensé. Car quel autre qu'un Dieu pouvait faire de telles promesses aux hommes. Voilà pourtant ce que Jésus-Christ a fait et écoutez comment sa parole s'est accomplie. Je ne vous raconterai point l'ignominie de la croix et la gloire du sépulcre. Quel homme assez étranger dans Jérusalem n'a point entendu ces choses. Après l'explosion du Cénacle, suivez des yeux les apôtres se dispersant un bâton à la main pour prêcher l'évangile à toutes les nations de la terre. Pauvres ignorants, que ferez-vous au milieu des villes les plus savantes de l'univers : Timides bateliers, comment parlerez-vous sur ce forum toujours retentissant des triomphes des Césars ? Votre costume barbare, votre langage étranger vous rendront le jouet du peuple et la fable des grands. Ah ! retournez plutôt à Génésareth reprendre vos filets et conduire la barque de vos Pères. Cependant la tombe se refermait à peine sur le dernier d'entr'eux que le royaume du Christ s'étendait plus loin que cet empire qui se vantait d'être à lui seul tout l'univers.

L'empire Romain lève la tête et il aperçoit dans son sein un peuple nouveau dont les mœurs, les lois, l'origine et la destinée lui sont inconnus. A cette vue, il se lève de sa couche de voluptés où il commençait à dormir et celui que les cris des Germains ou les drapeaux des Parthes n'avait pu réveiller retrouve contre les chrétiens toute cette énergie qu'il déployait contre Mithridate, Annibal ou Antiochus. Le cri de *Mort aux chrétiens* poussé au Capitole retentit bientôt d'un bout de l'univers à l'autre. A ce cri, les vieilles nations répondirent en se levant comme un seul homme contre le Seigneur et contre son Christ. Ici, regardez-bien, le combat est à outrance. C'est l'hercule Chrétien qui lutte contre le fils de la terre. La lice est ouverte, les deux ennemis sont aux prises. De quel côté penchera la balance ? Dans le camp de Jupiter sont les Dieux, les César, les prêtres, les philosophes, les légions Romaines, les lions de l'Afrique et les tigres de l'Hyrcanie. Dans le camp du Christ on ne voit que des femmes, des enfants, des aveugles, des nuées de pauvres et d'infirmes que conduisent une douzaine de pêcheurs. Les païens sont armés de glaives et de haches tranchantes. Ils montent des coursiers fougueux et les aigles romaines les conduisent. Les chrétiens sont à genoux, l'évangile d'une main, une obole de l'autre et ils adorent une croix de bois où leur chef a reçu la mort. Ici, M. F., cachez votre visage pour ne pas voir le sang qui ruisselle par torrents et la terre qui n'est plus qu'un vaste tombeau de martyrs. Bouchez vos oreilles pour ne pas entendre le parlement des bourreaux qui égorgent, le rugissement des lions qui dévorent ou le craquement des os broyés sous la roue des chevalets.

Mais la famille du Christ est comme celle du pélican qui grandit à l'ombre de ses ailes, nourrie de sa chair et abreuvée de son sang. On a beau couper les rameaux de ce tronc sacré, sans cesse il voit éclore des rejetons toujours nouveaux et bientôt ce grain est devenu un grand arbre qui étend ses branches jusqu'aux extrémités de la terre et à l'ombre desquels viennent s'asseoir les peuples et les rois.

L'Eglise se repose à peine sur un lit de palmes et de lauriers, qu'elle entend sonner de nouveau la trompette des combats. Les portes de l'enfer se sont ouvertes et elles ont vomi sur la terre une nuée de monstres cent fois plus cruels que les Néron et les Domitien. Tantôt c'étaient des ennemis qui l'attaquaient de front, aujourd'hui ce sont ses enfants qui lui déchirent ses entrailles. Au glaive de la persécution, elle opposa le glaive invincible des martyrs ; aux ténèbres de l'erreur, elle opposa des anges de lumière. L'hérésie lève l'étendard ; paraissez docteurs de l'Eglise, Hilaire, Ambroise, Athanase, prenez vos flèches et percez de mille traits le sacrilège Arius. Augustin, étouffe dans tes bras un serpent de Numidie qui désole l'Afrique et les Espagne, et vous, Cyrille, Chrysostome, foudroyez Eutychès et Nestorius qui dépeuplent la Grèce et l'Asie-Mineure.

Mais l'Orient se couvre de nuages, des coups de tonnerre retentissent au loin dans les plaines brûlantes de l'Arabie. La foudre de Mahomet frappe ces belles églises fondées par les Apôtres, arrosées par le sang des Martyrs, éclairées par les Docteurs. Que reste-t-il de ces églises de Jérusalem, d'Antioche, de Carthage, d'Alexandrie d'où la foi s'est levée sur nos têtes comme le soleil ? Que reste-t-il de ces trônes d'or où Cyprien, Origène, Clément, Théodore faisaient entendre ces éloquents discours que l'univers admire. Le vaisseau de l'église a fait un triste naufrage dans ces contrées, mais ne craignez pas pour cela qu'il périsse. Il tournera sa course vers le nord et c'est là que de nouvelles destinées l'attendent ; c'est là que de nouveaux enfants vont naitre à cette autre Rachel ; voyez venir à elle comme de timides agneaux ces loups ravissants qui ne cherchaient qu'à dévorer. Les hommes du nord embrassent ses mamelles avec l'ardeur des enfants qui sucent le lait de leurs mères. Une armée de conquérants est allée dompter ces invincibles tribus que la puissance romaine n'a pu abattre. Marche, Auguste, vers ces sauvages bretons que l'on croit les derniers des hommes. Va planter la croix sur ces tours orgueilleuses où Rome n'a pu planter ses étendards, et toi, Etienne roi des Sarmates, viens déposer aux pieds du Pontife ta couronne et tes erreurs. Féroce Danois, longtemps engraissé de notre substance, riche des dépouilles des églises et des monastères, tombe aux pieds de ce prêtre dont le sang t'abreuva si longtemps. Courbe la tête, fier Sycambre, et reçois sur ton col indompté le joug de l'évangile. Sauvages Suédois, vos forêts seront franchies et vos glaces ne vous protègeront pas. Habitants de la froide Norwège, regardez vers la mer qui sont ces vaisseaux croisés qui viennent vers vous.

Mais deux bêtes fauves sorties des forêts de la Gaule et de la Germanie viennent ravager cette vigne féconde qui portait des fruits si abondants. La terre des saints n'est plus que le repaire des serpents et des basilics. Le fleuve de la Grâce détourne son cours pour arroser de nouvelles terres et le soleil de l'Evangile n'éclairant plus ces régions glacées va briller sur un nouveau monde d'où sa splendeur nous éblouit encore. Dans sa vieillesse décrépite, l'épouse peut se glorifier d'avoir donné à l'époux plus d'enfants qu'aux jours de sa jeunesse et de sa plus grande fécondité. Hier encore, vous en souvient-t-il, vieillards à cheveux blancs qui m'écoutez : hier, ces noirs ennemis ont poussé contre elle d'épais bataillons, ils ont battu ses murs et chanté l'hymne de la victoire sur le cadavre de ses prêtres égorgés. Qu'a fait l'Eglise, elle a levé son étendard vainqueur de 18 siècles et ils ont disparu comme la poussière à la face des vents. *Tanquam pulvis ante faciem venti.* Aujourd'hui levez les yeux et contemplez avec admiration cette église toujours attaquée et toujours victorieuse, toujours humiliée et toujours triomphante ; elle a traversé les siècles avec une majesté divine, elle est parvenue jusqu'à nous marquée du sceau de son immortelle destinée et nos derniers neveux la verront un jour assise sur nos tombeaux la tête couronnée de cicatrices et de victoires et portant sur son front cet écriteau : *Je fus la seule à qui il fut promis que les portes de l'enfer ne prévaudraient point contre elle.*

PÉRORAISON

Je m'arrête, M. F. car un long discours ne suffirait pas pour énumérer les actions du Sauveur et l'éloquence humaine ne ferait qu'en ternir l'éclat. Lisez vous-mêmes, lisez les pages touchantes ou est écrite cette histoire admirable. Ouvrez le Saint-Evangile. Méditez le jour et la nuit les leçons qu'il renferme et imitez toute votre vie les exemples qu'il propose : Songez-y bien : c'est le tribunal de votre juge, c'est la loi qui vous condamne ou vous absout. Allez souvent vous contempler dans ce miroir de justice et de vérité et essayez de copier avec fidélité le modèle qu'on vous propose : n'écoutez pas les Juifs charnels qui vous disent que sa parole est dure. *Durus est hic sermo*, écoutez plutôt ce qu'en disent les saints qui l'ont pratiqué, écoutez ceux qui ont porté sur la terre le joug du Seigneur. Interrogez les martyrs au milieu des tourments de la mort, interrogez les vierges de l'hospice et du cloître, ces anges qui veillent jour et nuit autour du lit du paralytique et du mourant, interrogez le solitaire qui vit sur son rocher dans les austérités de la pénitence ; interrogez enfin ces milliers de bienheureux qui ont passé de la terre au ciel ; Elus du Seigneur, que dites-vous de l'Evangile : Enfants des hommes, nous répondront ils, c'est un livre qui a des paroles de vie ; c'est un joug suave et léger ; c'est une loi plus douce que le miel ; c'est une eau salutaire qui jaillit à la vie éternelle, buvez-y M. F. et vous serez bientôt enivrés d'un torrent de délices, portez ce joug et vous l'échangerez bientôt contre un poids éternel de gloire. Combattez un moment et vous remporterez une couronne immortelle que je vous souhaite.

Ainsi soit-il.

467. — Inauguration d'un Tableau de Saint-François-Régis à Saint-Rémy de Dieppe.

Le 27 Juillet 1842

Il y a un an à pareille époque je vous entretenais d'une bonne œuvre de votre ville sur laquelle le suffrage d'une société savante vient de jeter un nouveau reflet de gloire : je veux parler de la maison des Orphelines placée aussi sous le patronnage de St-François-Régis. — Ce jour, qui fut un des plus beaux de ma vie, est resté gravé dans mon souvenir comme un bouquet d'une agréable odeur que je me plais à savourer sans cesse. En vous parlant de cette œuvre sainte mon cœur palpitait alors et ce ne fut qu'à travers l'émotion la plus profonde que j'achevai mon discours.

En le terminant une pensée touchante vint traverser mon esprit et en vous l'adressant cette pensée je ne m'imaginais pas qu'elle pût germer parmi vous, je vous parlai d'une autre œuvre de Saint-Régis que j'avais laissée sur un autre rivage et rien ne me faisait présumer que dans peu de temps vous la posséderiez, vous, avec de si heureux développements.

Je dois vous confesser aujourd'hui ma faute, alors je désespérais de votre ville que j'ai si bien comprise et tant aimée depuis. Je ne savais pas alors tout ce qu'il y avait ici de force pour le bien, tout ce qu'il y avait encore d'énergie puissante pour la reconstruction de l'édifice religieux et moral de la Société. Ici il y a de la foi dans les âmes, il y a sur cette terre la pensée chrétienne des anciens temps qui semble sommeiller parfois mais qui se réveille forte et vivace lorsqu'on la travaille et que par la parole on la fait fermenter.

Car cette ville, il faut bien le dire puisque cela fait sa gloire, elle est restée fidèle à ses anciennes croyances, à ses anciennes mœurs, à ses anciennes habitudes. Elle présente au milieu de notre civilisation moderne l'étonnant spectacle d'une ville qui n'a pas changé. Cette ville n'a point comme tant d'autres fléchi le genou devant le veau d'or, les pères n'ont point sacrifié leurs fils au dieu menteur du commerce, que l'antiquité peignit avec des ailes, et les mères n'ont point immolé leurs enfants dans les bras meurtriers de l'industrie cette moderne Junon qui les dévore par milliers.

Toutefois, malgré la vigilance des pasteurs, malgré la piété des pères, le vice s'était glissé parmi les enfants, comme un serpent qui rampe, il avait pénétré jusqu'au sein de quelques familles pauvres où il semblait avoir fixé son séjour et s'être ainsi acquis des générations infidèles au milieu d'une population fidèle et chrétienne. Aussi, lorsque les pasteurs, ouvrant les yeux sur le troupeau, ont aperçu une génération entière qui leur échappait, lorsque parcourant les registres ils ont vu tant d'hommes, tant d'enfants qui manquaient à l'appel, lorsque parcourant les rues et les maisons de leur paroisse ils ont aperçu tant de brèches, tant d'absences ; lorsqu'ils ont vu la lèpre du concubinage s'avancer silencieusement jusqu'au cœur du troupeau fidèle, alors ils ont jeté un cri d'alarme et ce cri a été entendu, et les hommes de cœur se sont groupés, se sont saintement croisés contre cette nouvelle invasion de l'infidélité. — Et maintenant ils travaillent, maintenant ils veillent ; véritables chevaliers priants, ils combattent avec la plume et avec la parole et avec l'obole de la Charité le nouveau fléau qui menaçait de saper la société chrétienne dans sa base. Du reste ç'a été une bonne idée de s'associer pour le bien, de s'associer pour combattre le mal, de s'associer enfin pour faire la guerre à son ennemi.

Il y a maintenant association pour tout ; il y a association pour le travail, pour le commerce, pour l'industrie ; il y a association pour les voyages, pour la science, pour les lettres, pour les études, pour les progrès des arts ; il y a association même pour le plaisir, pour les réjouissances publiques. Que dis-je ? il y a même association pour le mal, car, qu'est-ce qui n'a pas entendu sans frémir la révélation de tant de sociétés secrètes pour le renversement de l'ordre et pour la ruine de la société, et si le génie de la science, si le génie du mal peut compter des sociétés, pourquoi donc la religion, qui est le génie du bien par excellence, ne pourrait-elle pas compter les siennes ?

De tous temps elle a eu des associations, de tous temps elle a eu ses sociétés pieuses pour le progrès de la vertu dans les âmes, mais jamais, et en aucun siècle, elle n'a eu plus d'associations de charité ; plus de sociétés bienfaisantes, plus de ces réunions dévouées aux bonnes œuvres.

Comparons un moment l'état ancien à l'état présent, parcourons les chapelles de vos églises de Dieppe, celles de Saint-Rémy, si vous voulez, en particulier, vous les trouverez toutes dédiées à quelque saint en particulier qui était le patron d'une confrérie ou d'un corps de métier, ainsi St-Eloi était le patron des maréchaux, St-Pierre le patron des capitaines de navires, etc. Toutes ces associations pieuses, toutes ces corporations y avaient établi leur siège, toutes y avaient leur autel, leur bannière, leurs bancs, leurs fêtes et leurs pains bénits.

La révolution détruisit les corporations et aujourd'hui il n'en reste plus que le souvenir ; d'autres sociétés charitables pour les salles d'asile, pour les écoles chrétiennes, pour les naufrages, pour les orphelines, pour le mariage des pauvres, sont destinées à remplacer dans leurs chapelles les anciennes confréries. La Société St-Régis aura pris, sous ce rapport, une glorieuse initiative, elle aura donné un exemple qui ne sera pas perdu pour cette ville et peut-être même pour tout le diocèse ; car dans le diocèse, dans toute la France, il y a des sociétés charitables de St-Régis, mais aucune encore, à ce que je sache, ne possède sa chapelle et son tableau.

Chaque siècle a eu ses hommes, ses institutions, ses idées ; chaque siècle a eu sa foi, son génie, sa pensée et des établissements résultant de ses croyances. Ainsi le XIIIe siècle, appelé le siècle chrétien par excellence, tout empreint de la pensée chrétienne, a pu mettre au service de cette pensée les hommes et les choses ; voilà ce qui explique tant d'institutions monastiques, tant de monuments, tant d'églises, tant de chapelles, tant de basiliques, tant d'abbayes, tant de cathédrales. Tout le monde alors travaillait pour Dieu, car Dieu dominait toute la société.

Aujourd'hui le siècle est bien différent ; la matière domine malheureusement le monde, il a donc fallu que la pensée chrétienne prit pour ainsi dire une nouvelle incarnation ; il a fallu qu'elle se fit chair ; qu'elle se fit matière ; c'est-à-dire qu'elle se transformât en mille bonnes œuvres matérielles dans la seule pensée de conduire les hommes à Dieu. C'est là une nouvelle ère dont Saint-Vincent-de-Paul est le chef et qui produisit de son temps St-François-Régis et Made de Miramion, St-François de Sales et Made de Chantal, l'abbé de la Salle et les écoles chrétiennes, l'abbé Sicard et les sourds-muets. Il semble que la religion ait dit : hommes grossiers et charnels, vous avez répudié la foi et rejeté toute croyance spirituelle, vous ne goûtez que la matière, vous n'aimez que la matière, vous n'estimez que la matière ; eh bien je vous poursuivrai jusque dans la matière, je m'abaisserai jusqu'au monde matériel : ou plutôt je l'élèverai jusqu'à moi et je le sanctifierai et en le touchant je le bénirai : vous verrez que là encore mon action est puissante, vous verrez que ce que le monde ne peut faire je puis encore l'exécuter, vous verrez que la charité enfante des œuvres dont la conception vous étonne et dont l'exécution vous paraît impossible.

Parmi les saints dont le nom sert comme de drapeau à toutes ces œuvres charitables on doit citer en première ligne celui de St-François-Régis. Il y a trois ans ce Saint était à peine connu à Dieppe et voilà qu'aujourd'hui il est patron de deux œuvres de bienfaisance qui sont les plus belles fleurs écloses à Dieppe dans ces dernières années. Voilà qu'aujourd'hui des chapelles lui sont consacrées, des images lui sont dédiées et que des fêtes sont établies en son honneur.

Chaque siècle a eu ses saints qu'il a fêtés, qu'il a préconisés comme ses héros, comme ses représentants, comme l'expression de ses idées. Les premiers âges chrétiens avaient les martyrs car alors dans l'église tous les chrétiens finissaient par le martyre, c'était sur leurs tombeaux que l'église offrait ses sacrifices, élevait ses temples et ses autels.

Plus tard les évêques missionnaires parcoururent le pays pour le civiliser et le convertir et ce fût à ces pèlerins apostoliques, comme St-Rémy, St-Valery, etc., que l'on consacra des églises parce qu'alors ils parurent comme les apôtres de la contrée.

Après le temps des pontifes vinrent les ermites, les moines, les religieux de tous les ordres qui se résument tous dans St-Bernard, St-Dominique, St-Bruno et St-François-d'Assises.

Une des plus belles cérémonies qui ait eu lieu à Dieppe dans le siècle dernier ce fut la translation des reliques de St-François de Sales. Alors c'était le siéle des âmes pieuses, des saintes associations de prières, des doctrines mystiques, des saintes congrégations du Carmel et du Sacré-Cœur de Jésus De nos jours la sympathie de cette ville est acquise à un saint du même nom qui apparaît parmi nous avec la double couronne de père des orphelins et de père des enfants illégitimes.

J'avoue qu'entre ces deux titres il me serait difficile de décider lequel est le plus grand, car pour moi le titre d'enfant illégitime est mille fois plus affreux, mille fois plus déplorable que celui d'orphelin. Le nom d'orphelin excite la pitié et l'intérêt, le nom d'enfant illégitime excite la honte et le mépris. L'idée de l'orphelin rappelle des malheurs dignes de compassion, l'idée d'enfant illégitime rappelle une faute ou un vice que chacun déteste. — L'un montre la mort frappant une victime et couvrant d'un voile funèbre le berceau de l'enfance, l'autre montre le désordre s'appesantissant sur sa proie pour la couvrir d'un voile de déshonneur et d'ignominie.

Ce qui rend la vie de l'orphelin si triste, c'est le tombeau, c'est la mort qui se montre toujours à l'horizon de la vie ; mais n'a-t-on pas connu des infortunés qui ne sachant comment effacer de leur front la tache odieuse de l'illégitimité allaient se jeter dans le sein de la mort comme dans le sein de l'oubli. On en a connu qui sur le point d'entrer dans de nobles familles, de contracter des alliances honorables furent ignominieusement chassés parce qu'en perçant le voile mystérieux de leur naissance, on découvrit une tache originelle.

Tout le monde ne peut pas fonder des hôpitaux, des maisons de refuge, des asiles pour la vieillesse et des écoles pour l'enfance. Tout le monde ne peut pas comme le prêtre de Mesnières réunir dans un manoir féodal une génération d'orphelins ; tout le monde ne peut pas comme un autre prêtre né dans cette ville réunir dans un populeux quartier une colonie d'orphelines sous la protection des anges, du ciel et de la terre. En un mot il n'est pas donné à tous d'être un autre Vincent de Paul, il faut pour cela une rare éloquence, une volonté constante, un zèle qui ne se rebute jamais, une foi qui transporte les montagnes et une charité qui puisse embraser le monde.

Mais ce que tout le monde peut faire, c'est de dire une prière, de faire une aumône, de prononcer une parole, d'écrire une lettre, de lever un acte et mille autres choses semblables, car souvent par ces petites causes de grands effets se produisent, souvent par ces petits moyens de grands résultats s'obtiennent. Il faut donc que chacun se fasse missionnaire dans le rayon où il peut exercer son influence. Dieppe, ici je m'empresse de le dire, Dieppe a donné l'exemple à tout l'arrondissement, car certes il est beau de se mettre à la tête d'une œuvre de régénération pour une province entière. On a souvent reproché aux villes d'être des foyers de corruption, d'être des sources de désordre et des pierres de scandale pour les campagnes environnantes, ici, M. F., ce sera tout le contraire, ce sera la ville qui donnera l'exemple aux campagnes et qui étendra jusque sur elles ses bienfaits. Et comme les exemples ne remontent pas, mais qu'ils descendent toujours, on doit espérer que tous les membres suivront l'exemple du chef.

Et cet exemple il aura été donné par cette église de St-Rémy d'où sont sorties toutes les autres paroisses de Dieppe, d'où est sortie la ville tout entière.

Il convenait à cette église mère de prendre ici cette glorieuse initiative.

O église de St-Rémy ton souvenir vivra longtemps dans mon cœur, longtemps je regretterai la pompe de tes fêtes et la beauté de tes cérémonies ; longtemps le bruit de tes chants retentira dans mes oreilles ; longtemps le souvenir de tes enfants viendra troubler ma solitude. Tes enfants, O Eglise Sainte, je les aimais comme des fils que le ciel m'avait donnés ; aussi avec quel plaisir je montais dans cette chaire pour les instruire.

Mon cœur s'était attaché aux pierres mêmes de l'édifice. J'aimais tes grands arceaux, tes gigantesques colonnes, aussi bien longtemps ma pensée se plaira à errer sous le labyrinthe de tes nefs et de tes chapelles ; tes pierres je les savais toutes par cœur, je voulais raconter leur histoire. Ne pouvant relever tes murailles qui croulent, ne pouvant les couvrir de fresques et de peintures, je me plaisais à redire à tes enfants quels étaient les architectes, les sculpteurs et les peintres qui t'avaient embellie par leurs travaux. — Aussi je suis heureux aujourd'hui d'assister à l'inauguration de cette chapelle et je te laisserai plus consolée en pensant que vous avez au Ciel un protecteur de plus.

Ce discours fut prononcé après l'évangile, au pied de l'autel St-Régis. — M. Doudement, doyen de Dieppe, faisait la bénédiction du tableau. — Quête par Madame Paul Delaroche.

VIII. — LISTE DES SOUSCRIPTEURS

Madame

LE FILLEUL DES GUERROTS, château des Guerrots, par Auffay.

Messieurs

ANDRIEU (l'abbé), chanoine à Rouen.

ARGENTIN, conservateur de la Bibliothèque de Montivilliers.

ASHER ET Cie, libraires, à Berlin.

BAER (J.), libraire, à Francfort.

Bibliothèque Municipale de Montivilliers.

BOURDIGNON fils, libraire, au Havre.

BRAQUEHAIS (Léon), sous-bibliothécaire de la Ville du Havre.

BRÉARD (Charles), à Versailles.

CHAUVET (Gustave), président de la Société archéologique et historique de la Charente, à Ruffec.

CHERFILS (Ch.), adjoint au maire du Havre.

COLLETTE (l'abbé A.), aumônier du Lycée de Rouen, à Rouen.

COMONT (l'abbé G.), curé de Varengeville-sur-Mer.

COMTE (Emile), filateur, à Albert.

COUTAN (docteur), à Rouen.

DEGLATIGNY (L.), à Rouen.

DELAROQUE (H.), libraire, à Paris.

DESNOYER, directeur du Musée historique, à Orléans.

DOMBRE (L.), libraire, au Havre.

DROUET, à Caudebec-lès-Elbeuf.

DULAU ET Cie, libraires, à Londres. (2 exempl.).

DUMONT (Ernest), libraire, à Paris.

FAUVEL père (docteur), au Havre.

FORGET, au Havre.

GAMBU (Paul), à Louviers.

GODREUIL, avocat de la marine, au Havre.

GOUELLAIN (Gustave), à Rouen.

GOUJON (Paul), à Notre-Dame-du-Vaudreuil.

GUIBON, à Dieppe.

HELBIG (Jules), directeur de la *Revue de l'Art Chrétien*, à Liège.

Henry (Ch.), propriétaire, au Havre.

Hiersemann (Karl-W.), libraire, à Leipzig. (2 exempl.).

Hue (l'abbé), à Levallois-Perret.

Join-Lambert, à Paris.

Lamartin, libraire, à Bruxelles.

Lemarchand, à Clères.

Lemonnier (l'abbé), curé-doyen de Gournay-en-Bray.

Lemonnier (l'abbé), vicaire-général, à Rouen.

Lestringant, libraire, à Rouen. (10 exempl.).

Pelay (Ed.), à Rouen.

Picard (Alphonse) et fils, libraires, à Paris (8 exempl.).

Renaud (l'abbé E.), curé-doyen, à Elbeuf.

Roland de Cadehol. directeur du *Journal du Havre*, au Havre.

Sarrazin (Albert), avocat à la Cour, à Rouen.

Vatimesnil (de), à Paris.

Vieillard (Emile), rentier, au Havre.

Wallon (H.), à Rouen.

TABLE DES DIVISIONS

TABLE DES MATIÈRES

A

B

C

E

F

G

J

L

M

N

O

P

Q

R

S

T

U

V

HAVRE

TYPOGRAPHIE DE ROLAND DE CADEHOL ET Cie

9, Quai d'Orléans, 9

—

MAI 1895

Imprimerie du Journal du Havre (Roland de Cadehol & Co), quai d'Orléans, 9.

www.ingramcontent.com/pod-product-compliance
Lightning Source LLC
LaVergne TN
LVHW020559230826
846091LV00002B/543

* 9 7 8 2 0 1 9 6 7 7 9 2 3 *